JN252027

今村力三郎訴訟記録　第四十六巻

神兵隊事件

別巻五

専修大学今村法律研究室

凡例

一、本巻には、茨城県立歴史館が所蔵する「神兵隊事件関係資料」（二〇冊、行政資料・請求番号E11‐1～20）のうち、「神兵隊事件被告人訊問調書寫・豫審第一號室備付」（請求番号E11‐8）を収録した。

一、収録されている資料は、タイプ印刷し製本されたものであるため、撮影・翻刻した。

一、「神兵隊事件被告人訊問調書寫・豫審第一號室備付」は大部であるため、分冊とした。本書では後半部分として「宣誓書　證人　櫻井艶三」から最後までを収録した。前半部分は前巻（別巻四）に収録した。

一、各被告人の調書最初のページには、事務的便利のためと考えられる付箋がつけられていた。その付箋のついた様子がわかるように、あえて最初のページの付箋のみ写真で残し、それ以外のページについては読みやすいように処理を行った。

一、本巻では、資料掲載の字体を使用している。

目次

別巻四　目次

神兵隊事件被告人訊問調書寫

豫審第一號室備付

宣誓書

良心ニ從ヒ眞實ヲ述ヘ何事ヲモ默秘セス又何事ヲモ附加セサルコトヲ誓フ

證人　櫻井艶三

被告人　天野辰夫

同　安田銕之助

同　前田虎雄

同　鈴木善一

同　岩田　一

同　田崎文蔵

同　影山正治

同　片岡　駿

同　奥戸足百

同　小池銀次郎

被告人　伊藤友太郎
同　佐藤守義
同　村岡清藏
同　白井爲雄
同　小野義德
同　花野井彌太郎
同　椿良雄
同　黑江直光
同　白阪勵
同　正木昌之

同　松下芳一
同　星井眞澄
同　瀧澤利量
同　橋爪宗治
同　雨宮信
同　町田專藏
同　小松崎重
同　太田覺
同　阿部克巳
同　梅山滿男

三

被告人　森川長孝
同　藤井嘉夫
同　橋本利夫
同　森本幸一
同　増澤毅
同　本木恒雄
同　南方重雄
同　板垣操
同　西山五郎
同　芥川治郎

同　白阪　英
同　田中　雅
同　輪田　留次郎
同　大西　卯之助
同　福島　三郎
同　清輝事　毛呂　清曦
同　中村　武
同　永代　秀之
同　高橋　梅雄
同　尾崎　海治

被告人　次夫事　黑澤次雄

同　中野勝之助

同　吉川永三郎

同　中島勝治郎

證人訊問調書

證人　櫻井艶三

別紙記載ノ被告人等ニ對スル刑法第七十八條ノ罪被告事件ニ付
昭和十一年四月八日實費診療所淺草支部病院ニ於テ
大審院特別權限ニ屬スル被告事件豫審掛
豫審判事　兩角誠英
裁判所書記　西田秀吉
列席ノ上豫審判事ハ右證人ニ對シ訊問ヲ爲スコト左ノ如シ
一問　氏名、年齡、職業、及住居ハ如何
答　氏名ハ　櫻井艶三
年齡ハ　當五十八年
職業ハ　醫師
住居ハ　東京市下谷區谷中初音町四丁目六十五番地

豫審判事ハ刑事訴訟法第二百一條ノ規定ニ該當スルモノナリヤ否ヲ取調ヘ之ニ該當セサルコトヲ認メ僞證ノ罰ヲ告ケ宣誓ヲ爲サシメタリ

二問　證人ハ何時カラ此ノ病院ニ勤務シテ居ルカ

答　私ハ大正五年二月中カラ引續キ今日迄此ノ病院ニ勤務シ外科ノ方ヲ擔任シテ居リマス

三問　此ノ病院テ花野井彌太郎ト云フ患者ヲ診療シタ事カアルカ

答　アリマス其ノ患者ヲ初メテ診察シタノハ本年二月二十二日ノ事テアツテ夫レ以來引續キ診療致シテ居リマス其ノ診療ニ付テハ私外二名ノ醫員カ擔當致シマシタ

四問　然ラハ其ノ診療ノ經過ハ如何

答　花野井彌太郎ト云フ患者ハ本年二月二十二日ニ此ノ病

院ノ外科ヘ東京衛生試験所ノ血液檢査書ヲ持ツテ參リ夫レヲ示シタ上自分ハ之ニ書イテアル通リ黴毒ニ罹ツテ居ルカラ治療シテ貰ヒ度イト申シタノテ丁度其ノ日診察日ニ當ツテ居タ私ニ於テ其ノ檢査書ヲ見タトコロ「ワツセルマン」氏反應完全陽性ト記載シテアツタノテ其ノ患者ハ黴毒トシテ最モ强度ノ毒ヲ持ツテ居ル患者テアルト云フ事カ判リマシタ　ソコテ私ハ檢尿、檢温、心臓瓣膜疾患及肺結核第三期ノ有無檢査等ヲ行ツテ見タトコロ体温カ三十七度四分アリ其ノ點カ常態テナカツタノミテ其ノ他ニハ別ニ異狀ヲ認メナカツタ爲差當リ「イマミコール」ト云フ水銀劑ノ注射ヲ爲シ內服藥二日分ヲ與ヘテ一應ノ治療ヲ行ヒ其ノ儘引取ラセタノテアリマス其ノ後同月二十四日ニ又右ノ患者ガ參ツタノテ私カ体溫ヲ檢シテ見タトコロ其ノ時ニハ平熱ニ復シテ居ツタ爲今度ハ「サルバルサン」即チ六〇六號ノ注射ヲ爲シ內服劑二日分ヲ與ヘテ遣リマシタ

其ノ後私又ハ他ノ二名ノ醫員ニ於テ連續的ニ右ノ患者ニ付テ治療ヲ施シマシタカ其ノ經過ハ同月二十七日、三月一日、同月三日、同月六日ノ四回共水銀劑ノ注射ヲ爲シ內服劑二日分宛ヲ與ヘテ遣リ次イテ同月八日、同月十六日ノ二回共六〇六號ノ注射ヲ爲シ內服劑二日分宛ヲ與ヘテ遣リ更ニ同月二十日ニ水銀劑ノ注射ヲ爲シ內服劑二日分ヲ與ヘテ遣リ又同月二十四日ニ六〇六號ノ注射ヲ爲シ內服劑二日分ヲ與ヘテ遣リ尙又同月二十八日ニ水銀劑ノ注射ヲ爲シ內服劑二日分ヲ與ヘテ遣

リマシタ
左様ニ治療ヲ施シタ結果驅黴ノ效果カ相當ニ擧カリ經過ハ良好ノ樣テアリマス然シ未タ完全ニ驅黴サレタ譯テアリマセヌカラ今後モ引續キ前同樣ノ治療ヲ爲スコトカ必要ト見ラレテ居リマス
尙完全陽性ノ患者ニ對スル驅黴トシテハ一般ニ六〇六號ノ注射ヲ二十回、水銀劑ノ注射ヲ二十回乃至三十回交代ニ之ヲ爲スコトカ必要トサレテ居リマス從ツテ右ノ患者モ完全驅黴ノ實ヲ擧ケルニハ今後尙相當ノ日子ヲ要スルモノト見ラレテ居リマス

五問 花野井彌太郎ハ黴毒性腦膜炎ニ冒サレテハ居ラヌカ
答 私ハ其ノ患者ニ付テ問診及視診ノ上ノミテハ黴毒性腦膜炎卽チ腦黴毒ノ徵候ヲ認メナカツタノテ神經系統ノ

疾患ノ有無ニ付テハ別ニ診査ヲ爲シテ居リマセヌ從ッテ右ノ患者ヲハ内科系統ノ方ヘ廻サス只驅黴方法ヲ講シテ來タノミテアリマス

然シ右ノ患者カ黴毒ニ基ク神經系統的疾患ニ罹ッテ居ラヌトハ斷定致シ兼ネマスカラ其ノ點ヲ正確ニスル爲ニハ更ニ精神科專門醫ノ診査ニ待タネハナラヌト思ヒマス

證人　櫻井艶三

右讀聞ケタル處無相違旨申立署名捺印シタリ

昭和十一年四月八日於賛育會診療所淺草支部病院作之

大審院特別權限ニ屬スル被告事件豫審掛

東京刑事地方裁判所

裁判所書記　西田秀吉

豫審判事　兩角誠英

右謄本也

昭和十一年五月二十三日

東京刑事地方裁判所

裁判所書記

被告人　天野辰夫
同　安田銕之助
同　前田虎雄
同　鈴木善一
同　岩田一
同　田崎文藏
同　影山正治
同　片岡駿
同　奥戸足百
同　小池銀次郎

被告人　伊藤友太郎

同　佐藤守義

同　村岡清藏

同　白井爲雄

同　小野義徳

同　花野井彌太郎

同　椿　良雄

同　黒江直光

同　白阪　勵

同　正木昌之

同　松下芳一
同　星井眞澄
同　瀧澤利量
同　橋爪宗治
同　雨宮信
同　町田專藏
同　小松崎重
同　太田覺
同　阿部克巳
同　梅山滿男

被告人　森川長孝
同　藤井嘉夫
同　橋本利夫
同　森本幸一
同　増澤毅
同　本木恒雄
同　南方重雄
同　板垣操
同　西山五郎
同　芥川治郎

同　白阪英

同　田中雅

同　輪田留次郎

同　大西卯之助

同　福島三郎

同　清煇事　毛呂清曦

同　中村武

同　永代秀之

同　高橋梅雄

同　尾崎海治

三

被告人　次夫事　黒澤次雄

同　中野勝之助

同　吉川永三郎

同　中島勝治郎

証人訊問調書

証人　花野井莊藏

別紙記載ノ被告人等ニ對スル刑法第七十八條ノ罪被告事件ニ付
昭和十一年四月八日東京刑事地方裁判所ニ於テ
大審院特別權限ニ屬スル被告事件豫審掛

豫審判事　兩角誠英

裁判所書記　西田秀吉

列席ノ上豫審判事ハ右證人ニ對シ訊問ヲ爲スコト左ノ如シ

一問　氏名、年齡、職業、及住居ハ如何

答　氏名ハ　花野井莊藏

年齡ハ　當六十一年

職業ハ　果實商

住居ハ　東京市淺草區聖天町三十一番地

花野井

豫審判事ハ刑事訴訟法第二百一條ノ規定ニ該當スルモノナリヤ否ヲ取調ヘタルニ被告人花野井彌太郎ト同條第一項第四號ニ該當スルコトヲ認メ證言ヲ拒絶シ得ル權利アル旨ヲ告ケタルニ之ヲ拒絶セサルニ依リ宣誓ヲ爲サシメス

二問　證人ハ花野井彌太郎ノ實父カ

答　左樣テアリマス彌太郎ハ私ノ次男テアリマス

三問　彌太郎ハ病氣ニ罹ッテ居ルトノ事テアルカ左樣カ

答　左樣テアリマス

四問　スルト其ノ病狀及經過ハ怎ウカ

答　彌太郎ハ昭和八年中ニ神兵隊事件ニ關係シタト云フノテ最初市谷刑務所ニ收容サレ後ニ豐多摩刑務所ニ移サレマシタカ昭和十年五月七日ニ病氣タト云フ理由テ出所ヲ許サレテ歸宅シ爾來私ノ許テ專ラ靜養ニ努メテ居

リマシタ
彌太郎ハ其ノ出所當時ニハ係官カラドンナ取調ヲ受ケタノカ其ノ樣ナ事ハ少シモ話サス刑務所ニ入ツテ居タ事サヘ云ハス只塞キ込ンテ口ヲ利カスニ「ボーツ」トシテ居ルト云フ有樣テシタ　夫レテ私共ノ素人目ニモ彌太郎ハ神經性ノ病氣ニ罹ツテ居ルト云フ事カ判リマシタ　其ノ當時下谷區龍泉寺町ノ末廣醫院主ニ往診ヲ願ツテ彌太郎ヲ診察シテ貰ツタトコロ彌太郎ノ病氣ハ神經衰弱ノ重イ樣ナモノテアルカラ靜カナ場所ニ轉地テモサセテ自然ニ回復サセル外ニ途ハナイト云ハレマシタカ色々ノ事情テ轉地モサセス自宅テ出來ル丈ノ看護ヲシテ參リマシタ　左樣ナ次第テ一時ハ回復ノ見込ミハナカラウトマテ思ハレマシタカ看護ノ甲斐アツテ

カ昨年暮頃カラ彌太郎カ少シツヽロヲ利ク様ニ爲リマシタ其ノ後本年二月ニ至リ私ノ三男専藏カ彌太郎ヲ神田區和泉町ノ東京衞生試驗所ニ連レテ行キ血液檢査ヲシテ貰ツタトコロ彌太郎ノ病氣ハ黴毒性ノモノテアル事カ判明致シマシタ　夫レテ私ハ彌太郎ヲ淺草區駒形町ノ實費診療所ニ通ハセテ六〇六號ヤ水銀ノ注射療法ヲ受ケサセテ參リマシタ　現在モ其ノ療法ヲ繼續サセテ居リマス　其ノ結果彌太郎ノ病氣カ次第ニ輕快シテ參リ以前ニ比ヘルト餘程朗カニ爲リ口モ利ク様ニ爲リマシタ　此ノ調子ナラハ元通リニ回復スル時期モ來ルタラウト思ヒマスカ然シ今尚調子ノ變ツテ居ル所カアルノテ全快シテ居ル譯テハアリマセヌ

尚茲ニ東京衞生試驗所ノ彌太郎ニ對スル血液檢査書ヲ

持參シテ居リマスカラ御參考マデニ提出シテ置キマス

此ノ時證人ハ東京衞生試驗所名義ノ報告ト題スル封筒入文書ヲ證據トシテ提出シタルニ依リ別紙押收目錄ノ通リ領置シタリ

五問　彌太郎カラ神兵隊事件ノ事ニ付テ何カ聞カサレタ事ハナイカ

答　其ノ樣ナ事ハ全然アリマセヌ實ハ私共カ其ノ事ヲ彌太郎ニ聞イテ見ヤウト致シマスト彌太郎ハ頭ヲ振ツテ全ク話サヌト云フ有樣テアリマス

六問　彌太郎ハ何時黴毒ニ罹ツタ模樣カ

答　夫レハ判リマセヌ　實ハ私共ハ彌太郎ハ眞面目一方ノ男故黴毒抔ニ罹ツテ居ルトハ全ク考ヘテ居ナカツタトコロ先程申上ケタ樣ニ東京衞生試驗所テ血液檢査ヲシテ貰ツタ結果黴毒ニ罹ツテ居ル事カ判リ驚イタ樣ナ次

第テアリマス。

七問　證人ノ血族中ニ（彌太郎ハ別トシテ）精神病者ハナイカ

答　アリマセヌ

證人　花野井莊藏

右讀聞ケタル處無相違旨申立署名拇印シタリ

昭和十一年四月八日於東京刑事地方裁判所作之

大審院特別權限ニ屬スル被告事件豫審掛

東京刑事地方裁判所

裁判所書記　西田秀吉

豫審判事　兩角誠英

押收目録

番號	品目	員數	差出人	備考
一	東京衛生試驗所名義ノ報告ト題スル文書	一	東京市淺草區聖天町三十一番地　花野井莊藏	
二	右文書ヲ入レアリタル封筒	一	同	
			以上	

右謄本也

昭和十一年五月二十五日

東京刑事地方裁判所

裁判所書記

七

宣誓書

良心ニ從ヒ誠實ニ鑑定ヲ爲スヘキコトヲ誓フ

鑑定人　菊地甚一

被告人　天野辰夫
同　安田銕之助
同　前田虎雄
同　鈴木善一
同　岩田一
同　田崎文藏
同　影山正治
同　片岡駿
同　奥戸足百
同　小池銀次郎

二

被告人　伊藤友太郎

同　佐藤守義

同　村岡清藏

同　白井爲雄

同　小野駿德

同　花野井彌太郎

同　椿　良雄

同　黑江直光

同　白阪　勵

同　正木昌之

同　松下秀一

同　星井眞澄

同　瀧澤利量

同　橋爪宗治

同　雨宮信

同　町田專藏

同　小松崎重

同　太田覺

同　阿部克巳

同　梅山滿男

被告人　森川長孝
同　藤井嘉夫
同　橋本利夫
同　森本幸一
同　増澤毅
同　本木恒雄
同　南方重雄
同　板垣操
同　西山五郎
同　芥川治郎

同　白阪英

同　田中雅

同　輪田留次郎

同　大西卯之助

同　福島三郎

同　清輝亭　毛呂清曦

同　中村武

同　永代秀之

同　高橋梅雄

同　尾崎海治

四

被告人　次夫事　黒澤次雄

同　中野勝之助

同　吉川永三郎

同　中島勝治郎

鑑定人訊問調書

鑑定人　菊地　甚一

別紙記載ノ被告人等ニ對スル刑法第七十八條ノ罪被告事件ニ付

昭和十一年四月九日東京刑事地方裁判所ニ於テ

大審院特別權限ニ屬スル被告事件豫審掛

豫審判事　兩角　誠英

裁判所書記　西田　秀吉

列席ノ上豫審判事ハ右鑑定人ニ對シ訊問ヲ爲スコト左ノ如シ

一問　氏名、年齢、職業及住居ハ如何

答　氏名ハ　菊地　甚一

年齢ハ　當四十九年

職業ハ　醫師

住居ハ　東京市小石川區大塚窪町十八番地

菊地

豫審判事ハ刑事訴訟法第二百二十八條第二百一條ノ規定ニ該當スルモノナリヤ否ヲ取調ヘ之ニ該當セサルコトヲ認メ虛僞ノ鑑定ノ罰ヲ告ケ宣審ヲ爲サシメタリ

二問　被告人花野井彌太郞ノ住居（東京市淺草區聖天町三十一番地花野井莊藏方）ニ臨ミ右被告人ノ心神及身体ヲ檢查ノ上左記事項ニ付鑑定ヲ爲シ文書ニ依リテ其ノ結果ヲ報告セラレ度シ尙本鑑定ニ付テハ右被告人及證人花野井莊藏並ニ同櫻井艶三ニ對スル昭和十一年四月八日附各豫審訊問調書及押收ノ昭和十年特第一號ノ十二ノ一ノ一東京衛生試驗所血液檢查書ヲ閲覽シテ其ノ資料ト爲スコトヲ得

鑑定事項

一、被告人花野井彌太郞ノ心神ニ障礙アリヤ

一、アリトセハ其ノ原因、程度及障碍發生ノ初期如何

答　拜承致シマシタ

鑑定人　菊地甚一

右讀聞ケタル處無相違旨申立署名捺印シタリ

昭和十一年四月九日於東京刑事地方裁判所作之

大審院特別權限ニ屬スル被告事件豫審掛

東京刑事地方裁判所

裁判所書記　西田秀吉

豫審判事　兩角誠英

右謄本也

昭和十一年五月二十六日

東京刑事地方裁判所

裁判所書記

訊問調書

被告人　岩田一

右被告人ニ對スル刑法第七十八條ノ罪被告事件ニ付昭和十一年四月十一日東京刑事地方裁判所ニ於テ

大審院特別權限ニ屬スル被告事件豫審掛

豫審判事　南角誠英

裁判所書記　西田秀吉

列席ノ上豫審判事ハ被告人ニ對シ訊問ヲ爲スコト左ノ如シ

一問　氏名、年齢、職業、住居、本籍及出生地ハ如何

答　氏名ハ　岩田一

年齢ハ　當三十六年

職業ハ　無職

住居ハ　東京市中野區上高田一丁目二百七十八番地

本籍ハ　茨城縣新治郡新治村大字西野寺六十五番地

出生地ハ　同縣鹿島郡東下村以下不詳

二問　今回檢事總長ハ被告人等ニ對シ斯樣ナ事實ニ付刑法第七十八條ノ罪被告事件トシテ大審院ニ豫審ヲ請求シタルカ之ニ付被告人ヨリ陳述スル事カアルカ

此ノ時豫審判事ハ被告人ニ對シ檢事總長ノ起訴ニ係ル豫審請求書記載ノ公訴事實ヲ讀聞ケタリ

答　貴官カ　天皇意識ニ覺醒悟徹サレルマテハ大審院ノ豫審ノ取調ヲ御受ケ致シマセヌ

夫レ以上ハ何モ申上ケマセヌ

被告人　岩田一

右讀聞ケタル處無相違旨申立署名拇印シタリ

昭和十一年四月十一日於東京刑事地方裁判所作之

大審院特別權限ニ屬スル被告事件豫審掛
東京刑事地方裁判所
裁判所書記　西田秀吉
豫審判事　兩角誠英

右謄本也
昭和十一年四月二十四日
東京刑事地方裁判所
裁判所書記

訊問調書

被告人　小池銀次郎

右被告人ニ對スル刑法第七十八條ノ罪被告事件ニ付昭和十一年四月十三日東京刑事地方裁判所ニ於テ
　大審院特別權限ニ屬スル被告事件豫審掛
　　豫審判事　兩角誠英
　　裁判所書記　西田秀吉
列席ノ上豫審判事ハ被告人ニ對シ訊問ヲ爲スコト左ノ如シ

一問　氏名、年齡、職業、住居、本籍及出生地ハ如何

答　氏名ハ　小池銀次郎
　　年齡ハ　當四十八年
　　職業ハ　無職
　　住居ハ　茨城縣北相馬郡布川町下柳宿番地不詳

本籍ハ　同縣同郡同町八十四番地
出生地ハ　前同所

二問　今回檢事總長ハ被告人等ニ對シ斯樣ナ事實ニ付刑法第七十八條ノ罪被告事件トシテ大審院ニ豫審ヲ請求シタルカ之ニ付被告人ヨリ陳述スル事カアルカ

此ノ時豫審判事ハ被告人ニ對シ檢事總長ノ起訴ニ係ル豫審請求書記載ノ公訴事實ヲ讀聞ケタリ

答　只今御讀聞ケノ公訴事實中朝憲ヲ紊亂スルコトヲ目的トシタトノ點ヲ除キ其ノ他ノ事實ハ之ヲ肯定致シマス吾々ハ寧ロ天皇機關說信奉者ニ依テ紊亂セラレントシタ朝憲ヲ擁護セントシタモノテアリマス

三問　被告人ハ本件事案タル所謂神兵隊事件ニ付曩ニ岡田豫審判事ノ決定シタ管轄違ノ豫審終結決定書ノ送達ヲ受

ケテ夫レヲ讀ンテ見タカ

答　私ハ昨年九月中ニ其ノ豫審終結決定書ノ送達ヲ受ケマシタ然シ其ノ當時私ハ眼病ヲ患ツテ居タノテ直クニハ其ノ決定書ノ内容ヲ讀ムコトカ出來ス漸ク病氣ノ輕快ヲ待ツテ昨年十一月中ニ至リ其ノ内容ヲ讀ンテ見タノテアリマス

四問　夫レテハ其ノ豫審終結決定書ノ認定犯罪事實中被告人ニ關スル部分ニ付テノ意見ハ如何

答　其ノ豫審終結決定書ノ内容ハ甚タ杜撰テアリ意ニ滿タヌ點カ多々アリマス全クナツテ居ラヌト思ヒマス
夫レ以上ノ意見ハ申上ケマセヌ

五問　被告人カ本件神兵隊事件ニ付其ノ豫審終結決定前卽チ曩ニ別件名ヲ以テ起訴セラレタ當時岡田、吉本兩豫審判事ニ對シテ申立テタ諸般ノ事項並ニ岡田豫審判事ノ第二回訊問ノ際援用シタ被告人ノ昭和八年九月八日附ノ手記中被告人ノ健康狀態趣味嗜好宗教信仰崇拜人物家庭ノ狀況讀書關係思想ノ推移過程運動經歷等ニ關スル記述内容ニ付テハ如何

答 私ハ此ノ神兵隊事件ニ付岡田豫審判事カラ何回モ御訊問ヲ受ケ又最後ニハ吉本豫審判事カラ御訊問ヲ受ケテ詳細ナ申立ヲ致シテ置キマシタカ其ノ各内容ハ只今一々記憶シテハ居ラヌモノ、別ニ事實相違ノ事ヲ申上ケテハ居ラヌ筈テスカラ其ノ供述通リ間違ヒナイト御答シテ差支アリマセヌ尚私ノ手記中只今御訊ネノ諸點ニ付テモ前同樣間違ヒナイト申上ケテ差支アリマセヌ

六問 然ラハ被告人カ本件神兵隊ノ計畫ニ參加スル以前カラ

國家內外ノ非常時局ヲ憂ヘ一命ヲ賭シテ非合法手段ニ依リ國家改造ヲ爲シ皇道政治ノ確立ヲ期セネハナラヌト痛感シ居リタルコト、被告人カ本件神兵隊ノ計畫ニ參加スルニ至ツタ經過顚末、其ノ參加當時被告人カ其ノ計畫ノ內容及實行方法ニ關シテ把持シタ認識ノ程度、其ノ計畫實行ノ準備行爲トシテ被告人ノ爲シタ同志ノ集結其ノ他ノ行動其ノ計畫實行ノ待機中多數ノ同志カ檢擧セラレタ爲事ヲ擧クルニ至ラスシテ止ミタル顚末等ハ被告人カ嚢ニ岡田、吉本兩豫審判事ニ對シテ申立テタ通リテアルカ

答　夫レ等ノ諸點ニ付テハ前ニ岡田、吉本兩豫審判事ニ申上ケテ置イタ通リテアリマス

七問　一体被告人ハ本件神兵隊ノ計畫ニ參加シタ當時其ノ計

三

豪ノ目的ニ付テ如何ニ認識シテ居タカ

答 實ハ私ハ最近安眠カ出來ス而モ血壓カ非常ニ高イノテ之以上陳述スルコトハ困難テアリマスカラ本日ハ此ノ程度テ御訊問ヲ打切ツテ戴キ度イト思ヒマス

尙只今御訊ネノ點其ノ他ノ必要事項ニ付テハ次回ノ御訊問ノ際申上ケルコトニ致シマス

被告人　小　池　銀　次　郎

右讀聞ケタル處無相違旨申立署名拇印シタリ

昭和十一年四月十三日於東京刑事地方裁判所作之

大審院特別權限ニ屬スル被告事件豫審掛

東京刑事地方裁判所

裁判所書記　西　田　秀　吉

豫審判事　兩　角　誠　英

右謄本也

昭和十一年四月二十五日

東京刑事地方裁判所

裁判所書記

訊問調書

被告人　中島勝治郎

右被告人ニ對スル刑法第七十八條ノ罪被告事件ニ付昭和十一年四月十四日東京刑事地方裁判所ニ於テ

大審院特別權限ニ屬スル被告事件豫審掛

豫審判事　兩角誠英

裁判所書記　西田秀吉

列席ノ上豫審判事ハ被告人ニ對シ訊問ヲ爲スコト左ノ如シ

一問　氏名、年齡、職業、住居、本籍及出生地ハ如何

答　氏名ハ　中島勝治郎

年齡ハ　當五十九年

職業ハ　漁業兼石炭液化業

住居ハ　東京市麻布區櫻田町二十番地

本籍ハ　兵庫縣武庫郡住吉村字宮西三百二十六番地

出生地ハ　前同所

二問　今回檢事總長ハ被告人等ニ對シ斯樣ナ事實ニ付刑法第七十八條ノ罪被告事件トシテ大審院ニ豫審ヲ請求シタルカ之ニ付被告人ヨリ陳述スル事カアルカ

此ノ時豫審判事ハ被告人ニ對シ檢事總長ノ起訴ニ係ル豫審請求書記載ノ公訴事實ヲ讀聞ケタリ

答　私ハ元來神兵隊ノ計畫其ノモノニハ參加シテ居リマセヌ

實ハ昭和八年二月末頃豫テ懇親ノ間柄ナル安田銕之助氏カラ國家改造ニ要スル資金ノ調達方ヲ依頼セラレタノテ私ハ夫レヲ引受ケ岩村峻ナル者ニ說イテ二萬五千圓ヲ調達シテ貰ツタノテアリマスカ後ニ安田カラ計畫

モ急ニハ旨ク運ハヌ樣テアル故一先ツ止メニスルト云フ話カアツタ爲右二萬五千圓中二萬圓分ハ安田カ調金シテ之ヲ岩村ニ返還シテ仕舞ヒ殘金五千圓分ハ私カ責任ヲ以テ之ヲ調金シテ岩村ニ返還スル約束ニシテ一先ツ關係ヲ打切ツタノテアリマス然ルニ其ノ後即チ昭和八年七月七日ノ朝安田方ニ呼ハレテ參リマスト愈今日豫テノ計畫ヲ實行スル豫定テアルト聞カサレタノテ私ハ豫テ其ノ身邊ノ護衞ニ當ツテ居タ西園寺公ノ事カ心配ニ爲リ西園寺ハ怎ウナルノカト尋ネタトコロ安田ハ其ノ方ハ遣ラヌカラ心配シナイテモ宜イカ今日午前十一時過キニ今一度來テ呉レ用事カアルカラト云ハレタノテ一先ツ歸宅シタ上再ヒ約束ノ時刻ニ安田方ヘ參ツタトコロ今日ノ決行ハ來ル十一日ニ延期ニ爲ツタト云

フ話テシタカラ其ノ儘引揚ケテ歸宅致シマシタソシテ其ノ翌八日朝更ニ安田方ニ參ツテ同人ニ會ツタトコロ來ル十一日ノ決行日ニハ西園寺公ノ所へ君ニ使ニ行ツテ貰ヒ度イト云フ話テシタカラ私カ其ノ日ハ同公カ與津カラ御殿場へ避暑ニ出掛ケル豫定ニ爲ツテ居ルノテ其ノ前ニ先方ニ行ツテ居テ護衞ヲセネハナラヌト申シタレハ安田ハ君ニ手柄ヲ立テサセルノタカラ其ノ日ハ假病ヲ使ツテ行カスニ居ツテ呉レト申シタノテ私ハ止ムナク夫レヲ承諾シテ歸宅シタノテアリマストコロカ右十一日ニ至ツテモ計畫カ實行サレナカツタ爲私ハ西園寺公ノ所へ使ニ行カスニ終ツタ樣ナ次第テアリマス

私ハ此ノ事件ニ付テ只以上ノ關係カアツタニ過キマセヌ

三問　被告人ハ本件事案タル所謂神兵隊事件ニ付褒ニ吉本豫審判事ノ決定シタ管轄違ノ豫審終結決定書ノ送達ヲ受ケテ夫レヲ讀ンテ見タカ

答　私ハ昨年九月下旬ニ其ノ豫審終結決定書ノ送達ヲ受ケテ其ノ内容ヲ讀ンテ見マシタ

四問　夫レテハ其ノ豫審終結決定書ノ認定犯罪事實中被告人ニ關スル部分ニ付テノ意見ハ如何

答　其ノ豫審終結決定書ニハ私カ昭和八年二月頃安田銕之助カラ暗ニ情ヲ告ケラレテ天野辰夫、前田虎雄等ノ本件計畫ノ實行ニ必要ナル資金ノ調達方ヲ依頼セラレタ様ニ記載シテアリマスカ其ノ間ノ實情ハ同年二月末頃安田カラ現在ハ國家ノ非常時テアル故現内閣（齋藤内閣）ハ軍隊ノ力テ打倒シテ國家改造ヲ斷行セネハナラヌカ其ノ計畫實行ノ爲資金ヲ要スルカラ其ノ資金ヲ調達シテ呉レト依頼サレタノテアッテ豫審終結決定書ニ記載シテアル樣ナ具体的ノ計畫ヲ天野、前田等カ企圖シテ居ルトノ事ハ聞カサレナカッタノテアリマス

私ニ關スル吉本豫審判事ノ豫審終結決定書記載ノ其ノ餘ノ事實ハ其ノ記載通リ相違アリマセヌ

五　問　被告人カ本件神兵隊事件ニ付右豫審終結決定前卽チ昭和……ニ別件名ヲ以テ起訴セラレタ當時清水豫審判事ニ對シテ申立テタ諸般ノ事項ニ付テハ如何

答　私ハ此ノ事件ニ付前ニ清水豫審判事カラ何回モ御訊問ヲ受ケテ詳細ナ申立ヲ致シテ置キマシタカ其ノ内容ハ全部其ノ通リノ事實關係テアリマシテ何等相違ノ點ハアリマセヌ

六問　然ラハ被告人ノ學歴經歴及思想傾向、豫テ被告人カ政治經濟機構等ノ缺陷ヲ認メ國家改造ヲ斷行セネハナラヌト痛感シ居リタルコト、被告人カ安田鐵之助ノ需メニ依リ國家革新運動ノ資金トシテ二萬五千圓ヲ調達シ遣リタル顚末、被告人カ本件破壞行動カ實行サレタナラハ建設ニ關スル特別ノ使命ヲ帶ヒテ西園寺公爵ノ許ニ使スル豫定ニ爲リ居リタルモ其ノ破壞行動ノ實行ヲ見ナカツタ爲其ノ儘ニ終ツタ顚末等ノ事ハ被告人カ曩ニ清水豫審判事ニ對シテ申立テタ通リテアルカ

答　左樣テアリマス夫レ等ノ諸點ニ付テハ既ニ清水豫審判事ニ申上ケテ置イタ通リテアリマス

被告人　中島勝治郎

右讀聞ケタル處無相違旨申立署名拇印シタリ

昭和十一年四月十四日於東京刑事地方裁判所作之
大審院特別權限ニ屬スル被告事件豫審掛
東京刑事地方裁判所
裁判所書記　西田秀吉
豫審判事　兩角誠英

右謄本也
昭和十一年四月二十七日
東京刑事地方裁判所
裁判所書記

第二回訊問調書

被告人　中島勝治郎

右被告人ニ對スル刑法第七十八條ノ罪被告事件ニ付昭和十一年四月十六日東京刑事地方裁判所ニ於テ

大審院特別權限ニ屬スル被告事件豫審掛

豫審判事　兩角誠英

裁判所書記　西田秀吉

列席ノ上豫審判事ハ前回ニ引續キ右被告人ニ對シ訊問ヲ爲スコト左ノ如シ

一問　被告人ハ昭和八年二月末頃安田銕之助ヨリ國家改造ニ要スル資金ノ調達方ヲ依頼セラレタ趣ナルカ其ノ當時被告人ハ我國内外ノ時局ニ付テ如何ニ觀察シテ居タカ

答　其ノ當時私ハ日本ハ國内的ニモ亦外交上ニ於テモ所謂

非常時局ニ直面シテ居ルカ故ニ怎ウシテモ國家改造ヲ斷行セネハナラヌト痛感シテ居リマシタ　一体我國ハ明治維新後政黨ナルモノカ生シ其ノ政黨ヲ中心トシテ政黨政治カ行ハレル樣ニ爲ツタ結果政變毎ニ政黨ノ首領カ互ニ政權ノ授受ヲスルト云フ事カ憲政ノ常道テアルト唱ヘラレル樣ニ爲ツテ來タノテアリマス　其ノ間ニ於テ政黨ハ三井、三菱ノ如キ財閥ト結託シ選擧毎ニ財閥カラ巨額ノ金ヲ得テ選擧費用ニ當テ其ノ代償トシテ不當ニ財閥ノ利益ヲ計ルト云フ風ニ爲ツテ參リマシタソシテ其ノ選出代議士ハ國家ノ發展トカ農村ノ振興トカ云フ樣ナ國利民福ヲハ念トセス徒ニ徒黨ヲ組ンテ私利私慾ノミヲ計リ利權ヲ漁ツテ飽クトコロヲ知ラヌト云フ狀態ニ爲ツテ參リマシタ又一方ニ於テ貴族乃至上層社會ニ屬スル徒輩ハ徒ニ歐米ヲ崇拜シ歐米人ヲ神ノ如クニ見做シ而モ所謂歐米恐怖病ハ宮中[illegible]迄蔓延シテ來タノテアリマス　其ノ病源カ那邊ニ存スルカト云ヒマスト歐米心醉者タルト同時ニ財閥ノ緣故者タル加藤高明、幣原喜重郎等ノ如キ輕薄者流ニ影響サレテ居ルノテアリマス彼等ハ決シテ卓越セル人材テモナイノニ拘ラス政黨ニ擁立セラレテ國家樞要ノ地位ヲ占メ政黨ハ彼等ヲ擁立シタ代償トシテ彼等ニ緣故アル財閥カラ巨額ノ金ヲ醵出セシメルト云フ狀態ヲ呈シテ參リマシタ左樣ナ輕薄者流カ長ク外務省ニ勢力ヲ扶植シ來ツタ結果其ノ下ニ集マツタ外交官モ皆西洋氣觸レノシタ輕薄ナ徒輩ノミテアリ大和魂ヲ持ツ樣ナ外交官ハ其ノ跡ヲ絕ツニ至リマシタ盖シ軟弱外交ノ行ハレ來ツタ所以

テアリマス　彼ノ華盛頓條約、倫敦條約等ノ締結ヲ見タ屈辱的外交ハ之ヲ立證シテ居リマス以上ハ皆政黨ト財閥トノ罪デアルト斷言シテ憚リマセヌ

尙私ハ濱口首相ノ兇變後卽チ昭和五年頃カラ西園寺公ノ側近者トシテ其ノ護衞ノ任ニ當ツテ居タ關係上所謂君側ノ奸トカ重臣トカ云フ徒輩カ如何ニ陰謀ヲ逞マシウシテ國家ヲ毒シテ居ルカヲ知悉シテ居リマス　夫レテ其ノ點ニ言及シ度イト思ヒマス　彼ノ齋藤内閣ハ昭和七年五月犬養内閣ノ後ヲ受ケテ成立シタノテアリマスカ犬養首相カ五・一五事件ニ依テ倒レタ後同月十八日ニ興津カラ西園寺公カ　陛下ノ御召ニ依テ上京シ駿河臺ノ邸内テ重臣會議ヲ開イタノテアリマス其ノ際私ハ同公ノ側近ニ侍シテ政界ノ動キヲ見テ居リマシタカ同

日西園寺邸ニハ政黨ニ天下ヲ渡スナト云フ趣旨ノ電報ヤ請願書カ三十七、八通モ舞込ンテ參リマシタ、又同日及其ノ翌十九日ニ掛ケテ同邸ニハ牧野伸顯、清浦奎吾、若槻禮次郎、荒木貞夫、上原東鄕兩元帥等ノ重臣カ續々參集シテ後繼内閣ノ首班ニ何人ヲ推薦スヘキカヲ獻策致シマシタ　然ルニ山本海軍大將丈ハ西園寺公カラ呼ハレタニモ拘ラス遂ニ姿ヲ見セマセヌテシタ　山本大將カ姿ヲ見セナカツタ事ニ付テハ其ノ裏面ニ大イナル伏在的理由カアツタノテアリマス　夫レト申スノハ右十八日ノ夜財閥岩崎小彌太邸ニ所謂薩派ニ屬スル牧野伸顯、樺山資英、幣原喜重郎外二、三氏カ參集シテ後繼内閣ノ首班ニ山本大將ヲ推スヘク謀議ヲ凝ラシタ事實カアツタカラテアリマス　ソシテ其ノ翌十九日ニハ東郷元帥カ西園寺公ニ對シ軍人ヲ以テ後繼内閣ノ首班ニスルコハ丈ハ御遠慮ヲ願ヒ度イ夫レハ軍人トシテノ本分カアルカラテアルト獻策シタ事實モアリ又荒木貞夫ハ平沼騏一郎ヲ適任者トシテ後繼内閣ノ首班ニ推薦シタ事實モアリ旁以テ同公ハ平沼内閣ノ成立ヲ意中ニ畫イテ居タ樣テアリマス　然ルニ重臣タル牧野伸顯ハ平沼ノ出馬ヲ喜ハス一方西園寺公ニ於テハ山本大將ノ出馬ヲ不適當ト認メタ爲形勢混沌タル狀態テアリマシタカ其ノ情勢ヲ知ツタ牧野ニ於テハ其ノ翌二十日ニ至リ西園寺公ニ對シ突如電話ヲ以テ所謂蘊派ニ屬スル齋藤實ヲ後繼内閣ノ首班ニ推薦シ來ツタノテアリマス其ノ時既ニ齋藤邸ニハ丸山鶴吉、伊澤多喜男等ノ黨士カ參集シテ組閣準備ヲ爲シテ居ルト云フ有樣テアリマ

シタ　一方齋藤本人ハ急報ヲ受ケテ葉山カラ歸京シ先ツ以テ西園寺公邸ニ立寄ルヘキテアツタニ拘ラス立寄リモセス直ニ宮中ニ參内シテ組閣大命ノ降下ヲ受ケ其ノ歸途高橋是清邸ニ立寄ツテ同人ニ大藏大臣ノ就任方ヲ求メ然ル後ニ初メテ西園寺公邸ニ參ツテ挨拶ヲ爲シタノテアリマス　何故ニ齋藤カ西園寺公邸ニ立寄ルノヲ後廻シニシタカト云ヒマストソコニハ深イ政治上ノ機微カ含マレテ居ルカラテアリマス　卽チ初メニ西園寺公邸ニ立寄ルト同公カラ組閣ニ付テ色々ナ註文ノ出ル事カ判ツテ居ルノテ左樣ナ註文ヲ受ケスニ齋藤及其ノ一派ニ好都合ノ組閣ヲ爲サウト云フ底意カラ先ツ以テ組閣大命ノ降下ヲ受ケ西園寺公ノ口ヲ封スル樣ニ爲シタ後ニ初メテ同公邸ヲ訪問スルニ至ツタモノテアリ

マス　其ノ結果齋藤ハ政友會カラ高橋ヲ大藏大臣ニ起用シタトハ云フモノ、內閣ノ根幹ヲ民政黨ニ置クヘク同黨ノ長老ナル山本達雄ヲ內務大臣ニ起用シテ盛ニ府縣知事ノ更迭ヲ行ヒ又民政系ニ屬スル湯淺倉平ヲ宮內大臣ニ据エテ宮中ニ確乎タル勢力ヲ植付ケタノテアリマス是皆薩派ノ中心ナル牧野ノ畫策ニ外ナリマセヌ以上ノ經緯ニ依テモ如何ニ陰謀カ行ハレ如何ニ政黨政治ノ弊カ深刻テアルカヲ窺知スルコトカ出來マス　君側ノ奸ヤ重臣ヲ除カネハナラヌト云フ聲ノアルノモ宜ナリト謂ツヘキテアリマス

以上縷述セル樣ナ次第故私ハ齋藤內閣成立後深ク政黨政治ノ弊、財閥ノ横暴、軟弱外交ニ依ル國威ノ失墜等ヲ憂ヘ怎ウシテモ同內閣倒潰後ニハ政黨人ニ非サル意

志强固ニシテ實行力ノアル國家的人物ヲ内閣ノ首班ニ据エ當時ノ非常時局ヲ打開シ反國家的ノ左翼思想ヲ撲滅シ政治經濟其ノ他アラユル機構ヲ建直シ又國防ヲ完備シテ國家改造ヲ断行セネハナラヌト痛感シテ居タ次第テアリマス

二問 然ラハ被告人ハ其ノ當時國家改造ハ如何ナル手段方法ニ依テ断行スヘキテアルト考ヘテ居タカ

答 其ノ當時私ハ國家改造ノ手段方法ハ合法的ニ齋藤内閣ヲ打倒シ(尤モ齋藤内閣ハ弱体ニシテ而モ總テノ點ニ於テ行詰リヲ呈シテ居タ為積極的手段ヲ用ヒストモ日ナラスシテ自潰スルタラウトモ見ラレテ居リマシタ)其ノ後繼内閣ノ首班トシテ强力ナル平沼騏一郎ヲ迎ヘ其ノ内閣ニ依テ諸般ノ根本的改革ヲ断行スヘキテアルト考

ヘテ居リマシタ　然シ其ノ矢先ニ安田銕之助ヨリ國家改造ニ要スル資金ノ調達方ヲ依賴セラレ其ノ際ニ於ケル安田ノ言ニ依リ軍隊ノ力ニ依ル非合法的手段ニ訴ヘテ國家改造ヲ斷行スルト云フ企ノアル事ヲ知リ軍部ニ於テ左樣ナ企圖ヲ爲シテ居ル以上其ノ非合法的手段ト雖之ヲ容認セサルヲ得ナイタラウト考ヘ之ニ贊成スルニ至ツタノテアリマス

三問　被告人ハ安田銕之助カラ國家改造ニ要スル資金ノ調達方ヲ依賴セラレタ當時其ノ改造ノ內容及實行方法ニ付テ如何ニ認識シテ居タカ

答　私ハ昭和八年二月末頃麻布區市兵衛町ノ東久邇宮殿下邸內ニ於ケル安田銕之助ノ居宅ニ呼ハレテ參ツタトコロ同人カラ國家改造ニ要スル資金ノ調達ヲ爲シテ貰ヒ

度イ其ノ金額ハ一萬圓位テ宜イカラト云フ依頼ヲ受ケタノテ私モ國家改造ノ必要ヲ痛感シテ居タ矢先テハアリ又一萬圓位ノ金ナラ自分丈ノ力テモ調達スルコトカ出來ルタラウト考ヘタノテ安田ニ對シ何トカ考ヘテ見テ遣ラウト答ヘテ置キマシタ其ノ際安田ハ國家改造ハ先ツ以テ軍隊ノ力テ齋藤內閣ヲ打倒シテカラ斷行スルノタト申シマシタカラ私カ怎ウ云フ風ニシテ內閣ヲ打倒スル積リカト尋ネタトコロ安田ハ夫レハ何テモナイ事タ軍隊ヲ一個中隊カ二個中隊位繰出シ閣議開催中ノ總理大臣官邸附近ニ演習ヲ裝フテ出動サセ其ノ官邸ヲ包圍シ各閣僚ニ辭職ヲ強要シテ內閣ヲ倒スノタ若シ閣僚等カ辭職シナイ時ニハ手荒ナ處置ヲ執ル事ニ爲ルカモ知レヌノタサウシテ齋藤內閣カ倒レルト帝都ニ

波嚴令カ布カレルタラウ一方宮中ニハ連絡カ付イテ居ルカラ然ルヘキ人物カ宮中ニ召サレテ大命降下ヲ受ケ後繼內閣ヲ組織スル事ニ爲ラウ左樣ニシテ國家改造ヲ斷行スヘキテアルト申シマシタ其ノ時私ハ安田カ閣僚等カ辭職セヌ時ニハ手荒ナ事ヲスルカモ知レヌト申シタノハ若シ齋藤首相以下ノ各閣僚カ辭職ヲシナカツタナラハ軍人ノ手テ其ノ各閣僚ヲ殺害スル樣ニ爲ルカモ知レヌト言フ意味テ申シタモノト思ヒマシタ尙安田ニ於テハ其ノ當時後繼內閣ノ首班ニハ平沼騏一郎ヲ推ス積リテ居ツタ樣テアリマス

然ルニ夫レカラ二週間位經ツタ頃ノ事テスカ私カ又安田方ニ呼ハレテ參ツタトコロ安田カ平沼ハ駄目タカラ後繼內閣ノ首班ニハ宮樣ヲ推戴シタイト思フト申シマ

シタ私ハ夫レヲ聞キ宮様ヲ首班ニ推戴スルトスレハ場合ニ依ルト皇族カ人民ノ怨嗟ノ的ト爲リ累カ皇室ニ及フ虞カアルカラ夫レハ避ケネハナラヌト云フテ反對致シマシタカ安田ハ頑トシテ意ヲ飜シマセヌテシタソコテ私ハ前言ヲ繰返シ後繼内閣ノ首班ニハ怎ウシテモ民間側ノ然ルヘキ人物ヲ推スヘキテアリ夫レニハ矢張リ平沼カ適任者テアルト主張シテ其ノ儘引揚ケマシタ

夫レカラ三日程經ツタ時ノ事テスカ又私カ安田方ヘ參ツタトコロ同人ノ申スニハアノ問題（國家改造ノコト）ニ付テハ少クモ資金カ三萬圓位必要テアリ五萬圓アレハ一層結構テアルカラ其ノ調達ニ骨折ツテ貰ヒ度イトノコトテシタカラ私ハ夫レテハ何トカ工夫シテ見ヤウト答ヘテ置キマシタ尚其ノ際安田ハアノ計畫ヲ實行ス

ル時ニハ軍隊ノ飛行機モ出ルコトニ爲ツテ居リ今度ハ
大袈裟ニ遣ルノタト申シマシタカラ私ハ破壞計畫カ大
掛リニ爲リ軍隊ノ飛行機カ出動シ閣議開催中ノ總理大
臣官邸ニ爆彈ヲ投下シテ閣僚等ヲ鏖殺スル計畫タラウ
ト想像シタ樣ナ次第テアリマス

御訊ネノ點ニ付テ其ノ當時私ノ認識シテ居タ事ハ叙上
ノ範圍ヲ出テマセヌ

四 問

後繼內閣ノ首班ニ何人ヲ推スカハ姑ク措キ兎ニ角被告
人ハ其ノ當時安田銕之助カラ聞カサレタ計畫卽チ軍隊
ノ力テ非合法的ニ齋藤內閣ヲ打倒シテ國家改造ヲ爲サ
ントシタトコロノ計畫ニ賛成シ之ヲ援助スル爲其ノ資
金ノ調達方ヲ引受ケタ譯ナノカ

答

結局左樣ナ事ニ爲リマス

只此ノ場合ニ申上ケテ置カネハナラヌノハ其ノ計畫ヲ實行スル手段ハ非合法的ナルモ之カ實行ハ軍隊ノ力テ遣ルト云フ計畫タトノ話テシタカラ軍隊ノ力テ遣ルト云フナラハ之ヲ容認セサルヲ得ナイタラウト考ヘテ其ノ計畫ニ贊成シタト云フ事テアリマス夫レニシテモ私ハ西園寺公ヲ犧牲ニスルト云フ事ニ付テハ絶對ニ反對テアルト云フテ其ノ事情ヲ安田ニ話シタトコロ同人モ西園寺公丈ハ遣ラヌト申シタノテ右ノ改造計畫ニ贊成シタ樣ナ次第テアリマス

五問　被告人ハ其ノ後安田ノ爲ニ國家改造資金トシテ二萬五千圓ヲ調達シテ遣ツタ譯カ

答　左樣テアリマス

六問　被告人ハ其ノ二萬五千圓ヲ調達シテ遣ツタ經過顚末ニ

付帶ニ清水豫審判事ニ對シ「被告人ハ安田鐵之助カラ國家改造資金ノ調達方ヲ依頼セラレテ夫レヲ引受ケタ後昭和八年三月中松澤勝治、岩崎綏耀、佐塚袈裟次郎等ニ交渉シ更ニ同人等ノ斡旋ニ依テ岩村峻ト會見シ安田ヲシテ騒動ノ起ル時期ヲ豫告サセル條件ノ下ニ五萬圓出金ノ内諾ヲ得次イテ同月下旬頃旗亭初大阪ニ於テ岩村ト安田トノ會談ノ機會ヲ作リ其ノ場ニ於テ被告人カ安田ニ代リ岩村カラ現金一萬圓ト内藤彦一振出名義ノ金額四萬圓ノ小切手トヲ受取ツタ上右一萬圓中三千圓ハ佐塚、岩崎、松澤ノ三人ニ謝禮トシテ交付シ五千圓ハ安田ニ渡シ殘金二千圓ハ被告人ノ手許ニ殘シ置キ更ニ其ノ數日後被告人ハ旗亭ゑよりニ於テ岩村ヨリ現金一萬五千圓ヲ受取リ其ノ内一萬三千圓ヲ安田ニ渡シ殘金二千圓ハ被告人ノ手許ニ殘シ置キ次イテ安田ヨリ右一萬三千圓中ノ三千圓分ヲ返還シ貰ツテ被告人ノ手中ニ收メ斯樣ニシテ要スルニ被告人ハ安田ノ爲ニ岩村カラ合計二萬五千圓ノ調達ヲ受ケ其ノ内一萬五千圓ヲ安田ニ渡シ三千圓ヲ佐塚、岩崎、松澤ノ三人ニ對スル謝禮ト爲シ殘金七千圓ハ之ヲ被告人ノ領得ト爲シタモノテアル」ト申立テ居ルカ其ノ通リ間違ヒナイカ

答　其ノ通リ相違アリマセヌ

七問　岩村カラ受取ツタト云フ内藤彦一振出名義ノ金額四萬圓ノ小切手ハ怎ウシタカ

答　其ノ小切手ハ私カゑよりニ於テ岩村カラ現金一萬五千圓ヲ受取ツタ際夫レト引換ニ同人ニ返シテ仕舞ヒマシタ

八問　岩村カラ調達ヲ受ケル約束ニシタ五萬圓中既ニ交付ヲ受ケタ二萬五千圓ヲ差引キ其ノ殘金二萬五千圓ニ付テハ如何樣ニ極マリヲ付ケタカ

答　元來岩村トノ約束テハ五萬圓出シテ貰フコトニ爲ツテ居マシタカ時ヲ經ルニ隨ヒ岩村ヤ右ノ小切手振出人內藤彥一カ金ノ遣リ繰リニ窮シテ居ルト云フ內情カ判ツタノテ氣ノ毒ニ思ヒ御訊ネノ殘金二萬五千圓分ニ付テハ最早出金方ヲ要求致シマセヌテシタ

夫レノミナラス私ハ前回申上ケタ如ク安田ト話合ノ上曩ニ岩村カラ交付ヲ受ケタ二萬五千圓ニ付テモ一先ツ之ヲ同人ニ返還スルコトヽシ其ノ內二萬圓分ハ安田ニ於テ調金ノ上現實ニ返還シ其ノ餘ノ五千圓分ニ付テハ私カ調金シテ返還スル約束ニ致シタ樣ナ次第テアリマ

ス　尤モ私ニ於テハ都合上其ノ約束ヲ履行シ得スニ經
過シテ仕舞ヒマシタ

九問　然シ安田カ岩村ニ二萬圓ヲ返還シタト云フノハ其ノ實岩村カラ一時立替ヘサセテ置イタ金ヲ使ツテ返還ノ芝居ヲ打ツタモノテハナカツタカ

答　私ハ左樣ナ事トハ夢ニモ思ヒマセヌテシタ　左樣ナ内幕テアツタトノ事ハ淸水豫審判事カラ御訊問ヲ受ケタ際初メテ承知シテ驚イタ樣ナ次第テアリマス

一〇問　被告人ハ其ノ後昭和八年七月七日ニ安田鐵之助方ニ到リ同人カラ豫テノ改造計畫ノ實行ニ關スル話ヲ聞カサレタトノ事ナルカ其ノ前後ノ顚末ハ如何

答　其ノ前日ナル七月六日ノ夜私カ外出先カラ歸宅シタトコロ家族ノ者カラ安田カ私ノ留守中ニ明七日ノ朝安田

方ヘ來テ呉レト云フ電話ヲ掛ケテ寄越シタトノ話カアツタノテアリマス

夫レテ私カ其ノ翌七月七日ノ午前八時少シ前頃安田方ニ參ツタトコロ安田ハ君ノ來ルノヲ待ツテ居タカ時間カ經ツノテ今外出シヤウト思フテ居タトコロテアルト云ヒ應接間ニ私ヲ通シ立ツタ儘急イテ用件丈ヲ話シマシタ

其ノ内容ハ實ハ愈今日豫テノ計畫ヲ實行スル豫定テアルト云フ話テシタカラ私ハ本當ニ遣ルノテスカト尋ネタトコロ安田ハ本當ニ今日遣ルノタト申シマシタソコテ私カ今日遣ルトスレハ何時頃遣ルノテスカト尋ネタレハ午前十一時頃決行スル豫定タトノ事テシタ

左様ニ聞カサレタ私ハ西園寺公ノコトカ心配ニ爲ツタノテ西園寺ハ怎ウ爲ルノカト尋ネタトコロ安田ハ其ノ

方ハ遣ラヌカラ心配シナイテモ宜イカ兎ニ角君ニハ西園寺ノ所へ使ニ行ツテ貰フ用事カアルカラ今日午前十一時二十分頃今一度來テ呉レト申シタノテ私ハ再會ヲ約シテ一先ツ歸宅致シマシタ

夫レカラ約束ノ午前十一時二十分頃私カ再ヒ安田方へ參ツタトコロ安田ハ外出先カラ未タ歸ツテ居リマセヌテシタカ十分間位經チマスト戻ツテ參リ今日ノ決行ハ駄目ニ爲リ來ル十一日ニ延期サレタト云ヒ尚決行ノ時ニハ軍ノ飛行機カ出テ閣議開催中ノ首相官邸ニ爆彈ヲ投下スル豫定ニ爲ツテ居リ其ノ時ニハ民間側ノ者モ出ル豫定テアルト申シマシタ　其ノ時私カ來ル十一日ニハ西園寺公カ興津カラ御殿場へ避暑ニ出掛ケル豫定ニ爲ツテ居ルノテ其ノ前日カラ先方ニ行ツテ居テ護衞ヲ

爲サネハナラヌト云ヒマスト安田ハ西園寺ノ方ハ何モ心配スル必要ハナイカラ君ハ東京ニ此ノ儘居ツテ貰ヒ度イソシテ決行後ニ其ノ情報ヲ西園寺ノ所ニ齎シテ貰ヒ度イ尚詳シイ事ハ後テ話スト申シマシタ其ノ内ニ來客カアツタノテ私ハ安田方ヲ引揚ケテ歸宅シタノテアリマス

一一問　被告人ハ其ノ翌八日ニモ安田方ニ參ツテ同人ト會談シタサウタカ其ノ時ノ模樣ハ

答　私ハ豫テカラ民間側カ加ハレハ計畫ノ實行カ成功セヌト考ヘテ居リ又安田ノ云フ如ク飛行機カ總理大臣官邸ニ爆彈ヲ投下スレハ其ノ周圍ヲ包圍スル軍人ヲモ殪ス結果ニ爲ルノテ何タカ了解ノ出來ヌ節カアルト思ヒ其ノ間ノ事情ヲ聞イテ見ル積リテ其ノ翌八日ノ朝安田方

ヲ訪問シテ同人ニ其ノ事情ヲ尋ネテ見マシタ　スルト安田ハ決行ノ時ニハ軍ノ飛行機カ先ツ以テ閣議開催中ノ總理大臣官邸ニ爆彈ヲ投下シ次イテ其ノ周圍ノ適當ノ場所ニ待構ヘテ居ル軍隊カ其ノ官邸ヲ襲撃シテ閣僚等ヲ鏖殺スル計畫テアリ夫レハ午前十一時ヲ期シテ決行スル豫定テアルト申シマシタ　然シ安田ハ其ノ時民間側ノ事ニ付テハ何モ話シマセヌテシタ尙安田ハ前日同樣來ル十一日ニハ決行後ニ西園寺公ノ所ヘ君ニ使ニ行ツテ貰ハネハナラヌト云ヒマシタカラ私カ其ノ前ニ先方ヘ行ツテ居テ護衞ヲシナケレハナラヌカラ困ルト申シタトコロ安田ハ君ニ手柄ヲ立テサセルノタカラ其ノ日ハ假病ヲ使ツテ行カスニ居ツテ呉レト申シタノテ私モ止ムナク夫レヲ承諾シテ其ノ儘歸宅シタ次第テア

リマス

一二問　安田カ被告人ニ手柄ヲ立テサセルト云フタ其ノ趣旨ハ

答　私ハ夫レハ豫定ノ如ク齋藤内閣ヲ打倒シテ愈建設ノ段取ニ爲ツタ場合ニ安田ハ其ノ後繼内閣ノ首班トシテ推薦スヘキ或人ヲ西園寺公ニ傳ヘテ陛下ノ御下問ニ對シ其ノ人ヲ奉答スル樣ニサセル考カラ私ヲ特使トシテ西園寺公ノ許ニ差使ハシ右ノ事ヲ傳達サセル積リテアリ其ノ意味テ私ニ手柄ヲ立テサセルノタト申シタモノト察シマシタ

一三問　被告人ハ其ノ後同月九日及十日ノ兩日ニモ安田ト會談シタカ

答　私ハ同月九日ニハ安田ト會談致シマセヌテシタカ其ノ翌十日ニハ同人ト會ツテ話ヲ致シマシタ

一四問　夫レテハ同月十日ニ安田ト會談シタ時ノ模樣ヲ申立テヨ

答　其ノ日ノ午前八時頃常ニ私カ與津ノ西園寺公ノ所ヘ護衛ニ連レテ行クコトニシテ居タ清水潔ト云フ者カ私方ニ參ツテ一緒ニ行キマセヌカト申シタノテ私ハ安田トノ豫テノ約束ニ從ヒ假病ヲ使ヒ病氣ノ爲行カレヌカラト云フテ清水ニ旅費三十圓ヲ渡シ同人丈ヲ差向ケルコトニ話シテ居リマスト其處ヘ安田カ乘馬服姿テ遣ツテ參リ清水ニ聞エヌ樣ニ私ニ對シ君ハ今日怎ウスルカト申シタノテ私カ豫テノ約束ニ從ヒ明日ノ決行日ニハ東京ニ殘ツテ居ルト云フ意味テ今日ハ先方ヘハ行カヌト答ヘタトコロ安田ハ安心ノ面持テ直クニ歸ツテ行キマシタ

一五問　其ノ翌十一日ハ被告人ノ行動ハ

答　其ノ日ハ計畫ノ決行豫定日テアリ安田カラハ豫テ此方カラ頼ミニ行ク迄宅ニ待ッテ居テ呉レト云ハレテアッタ爲私ハ何處ヘモ出スニ午前十二時過迄自宅ニ待ッテ居リマシタカ何事モアリマセヌテシタカラ之ハ計畫カ實行サレナカッタノタラウト察シ午後一時頃丸ノ内ノ東邦商會株式會社ニ行ッテ見マシタスルト其ノ内ニ明治神宮附近テ全國カラ集マッタ五十名程ノ者カ捕ヘラレタト云フ號外カ出タノテ夫レハ安田ノ云フテ居タ破壞計畫カ失敗シ之ニ參加シタ民間側ノ者カ逮捕サレタモノタラウト察シマシタ　ソコテ私ハ其ノ號外ヲ持ッテ安田方ヲ訪問シ其ノ號外ヲ安田ニ見セタトコロ同人ハ既ニ其ノ間ノ事情ヲ承知シテ居リ實ハスパイカ入ッ

タ為昨夜事カ發覺シテ同志ノ者カ捕ヘラレ計畫カ不成功ニ終ツタノタト申シタノテアリマス夫レテ私ハ其ノ儘安田方ヲ辭去シテ歸宅致シマシタ

一六問　被告人ハ一体本件國家改造計畫ノ首腦部ハ誰々テアルト認識シテ居タカ

答　私ハ其ノ計畫ノ首腦部ハ軍部ノ或有力者テアリ安田カ其ノ參謀格テアルト認メテ居リマシタ　尚天野辰夫モ其ノ計畫ニ付テ重要ナ役割ヲ擔任シテ居ルタラウト察シテ居リマシタ　ソシテ安田ヤ天野ハ破壞後ノ建設ニ付テ活躍スル段取ニ爲ツテ居ルタラウト考ヘテ居リマシタ

被告人　中島勝治郎

右讀聞ケタル處無相違旨申立署名捺印シタリ

昭和十一年四月十六日於東京刑事地方裁判所作之

大審院特別權限ニ屬スル被告事件豫審掛

東京刑事地方裁判所

裁判所書記　西田秀吉

豫審判事　兩角誠英

右謄本也

昭和十一年五月二十日

東京刑事地方裁判所

裁判所書記

訊問調書

被告人　白阪　英

右被告人ニ對スル刑法第七十八條ノ罪被告事件ニ付昭和十一年四月十八日東京刑事地方裁判所ニ於テ

大審院特別權限ニ屬スル被告事件豫審掛

豫審判事　兩角誠英

裁判所書記　西田秀吉

列席ノ上豫審判事ハ被告人ニ對シ訊問ヲ爲スコト左ノ如シ

一問　氏名、年齡、職業、住居、本籍及出生地ハ如何

答　氏名ハ　白阪英

年齡ハ　當二十八年

職業ハ　鹽水港製糖株式會社東京工場倉庫係

住居ハ　東京市豐島區駒込六丁目七百六十六番地

本籍ハ　前同所

出生地ハ　大阪市西區新町番地不詳

二問　今回檢事總長ハ被告人等ニ對シ斯樣ナ事實ニ付刑法第七十八條ノ罪被告事件トシテ大審院ニ豫審ヲ請求シタルカ之ニ付被告人ヨリ陳述スル事カアルカ

此ノ時豫審判事ハ被告人ニ對シ檢事總長ノ起訴ニ係ル豫審請求書記載ノ公訴事實ヲ讀聞ケタリ

答　所謂神兵隊事件ノ本質ハ日本皇運ノ天壤無窮ヲ扶翼センカ爲ニ發シタルモノナルカ故ニ十二分ナル檢討ヲ行ヒ適當ノ時期ニ適當ノ意思表示ヲ致シ度イト思ヒマス尙從來私カ東京刑事地方裁判所ノ檢事並ニ豫審判事ニ對シテ申立テタ陳述ハ一切之ヲ取消シマスソシテ貴官カ　天皇意識皇道精神ニ徹セラレル迄ハ大審院ノ豫審

ノ取調ヲ受ケマセヌ
三問　スルト被告人ハ現在トシテハ當職ノ取調ニ應セヌト云フノカ
答　左樣テス
被告人　白　阪　英
右讀聞ケタル處無相違旨申立署名捺印シタリ
昭和十一年四月十八日於東京刑事地方裁判所作之
大審院特別權限ニ屬スル被告事件豫審掛
東京刑事地方裁判所
裁判所書記　西　田　秀　吉
豫審判事　兩　角　誠　英

右謄本也

昭和十一年五月二十一日

東京刑事地方裁判所

裁判所書記

被告人　天野辰夫

同　安田銕之助

同　前田虎雄

同　鈴木善一

同　岩田一

同　田崎文藏

同　影山正治

同　片岡駿

同　奥戸足百

同　小池銀次郎

被告人　伊藤友太郎
同　佐藤守義
同　村岡清藏
同　白井爲雄
同　小野義德
同　花野井彌太郎
同　椿良雄
同　黒江直光
同　白阪勵
同　正木昌之

松

同　松下芳一
同　星井眞澄
同　瀧澤利量
同　禰爪宗治
同　雨宮信
同　町田專藏
同　小松崎重
同　太田覺
同　阿部克巳
同　梅山滿男

二

被告人　森川長孝
同　藤井嘉夫
同　橋本利夫
同　森本幸一
同　増澤毅
同　本木恒雄
同　南方重雄
同　板垣操
同　西山五郎
同　芥川治郎

同　白阪英
同　田中雅
同　輪田留次郎
同　大西卯之助
同　福島三郎
同　清輝亭　毛呂清曦
同　中村武
同　永代秀之
同　高橋梅雄
同　尾崎海治

被告人　次夫事　黒澤次雄

同　　中野勝之助

同　　吉川永三郎

同　　中島勝治郎

押收調書

別紙記載ノ被告人等ニ對スル刑法第七十八條ノ罪被告事件ニ付
昭和十一年四月二十一日東京刑事地方裁判所ニ於テ
大審院特別權限ニ屬スル被告事件豫審掛
豫審判事　兩角誠英
裁判所書記　西田秀吉
列席ノ上豫審判事ハ押收ヲ爲スコト左ノ如シ
一　押收物ノ品目
別紙押收目錄記載ノ通リ
一　押收ノ時午後三時四十分
昭和十一年四月二十一日於東京刑事地方裁判所作之
大審院特別權限ニ屬スル被告事件豫審掛

東京刑事地方裁判所

裁判所書記　西田秀吉

豫審判事　兩角誠英

押收目錄

番號	品目	員數	差出人	備考
一	被告人花野井彌太郎ニ對スル身分帳簿	一	豐多摩刑務所長 吉田律	
			以上	

五

右謄本也

昭和十一年五月二十一日

東京刑事地方裁判所

裁判所書記

被告人　天野辰夫

同　安田鍈之助

同　前田虎雄

同　鈴木善一

同　岩田　一

同　田崎文藏

同　影山正治

同　片岡　駿

同　奥戸足百

同　小池銀次郎

被告人　伊藤友太郎

同　佐藤守義

同　村岡清藏

同　白井為雄

同　小野義德

同　花野井彌太郎

同　濤良雄

同　黒江直光

同　白阪勵

同　正木昌之

同　松下芳一

同　星井眞澄

同　瀧澤利量

同　橋爪宗治

同　雨宮信

同　町田專藏

同　小松崎重

同　太田覺

同　阿部克巳

同　梅山滿男

被告人　森川長孝
同　藤井嘉夫
同　橋本利夫
同　森本幸一
同　増澤毅
同　本木恒雄
同　南方重雄
同　板垣操
同　西山五郎
同　芥川治郎

同　白阪　英

同　田中　雅

同　輪田　留次郎

同　大西　卯之助

同　福島　三郎

同　清輝事　毛呂　清曦

同　中村　武

同　永代　秀之

同　高橋　梅雄

同　尾崎　海治

被告人　次夫事　黒澤次雄

同　中野勝之助

同　吉川永三郎

同　中島勝治郎

第二回鑑定人訊問調書

鑑定人　菊地甚一

別紙記載ノ被告人等ニ對スル刑法第七十八條ノ罪被告事件ニ付
昭和十一年四月二十二日東京刑事地方裁判所ニ於テ
大審院特別權限ニ屬スル被告事件豫審掛

豫審判事　兩角誠英

裁判所書記　西田秀吉

列席ノ上豫審判事ハ前回ノ宣言ヲ維持スル旨ヲ告ケ前回ニ引續キ右鑑定人ニ對シ訊問ヲ爲スコト左ノ如シ

一問　鑑定人ハ昭和十一年四月九日命シタル鑑定ヲ爲スニ際シ昭和十年特第一號ノ十二ノ二被告人花野井彌太郎豐多摩刑務所在所中ノ身分帳簿ヲモ其ノ資料ト爲スコトヲ得

答　拜承致シマシタ

鑑定人　菊　地　甚　一

右讀聞ケタル處無相違旨申立署名捺印シタリ

昭和十一年四月二十二日於東京刑事地方裁判所作之

大審院特別權限ニ屬スル被告事件豫審掛

東京刑事地方裁判所

裁判所書記　西　田　秀　吉

豫審判事　雨　角　誠　英

右謄本也

昭和十一年五月二十一日

東京刑事地方裁判所

裁判所書記

訊問調書

被告人　正木昌之

右被告人ニ對スル刑法第七十八條ノ罪被告事件ニ付昭和十一年四月二十四日大阪地方裁判所ニ於テ

大審院特別權限ニ屬スル被告事件豫審掛

豫審判事　兩角誠英

裁判所書記　西田秀吉

列席ノ上豫審判事ハ被告人ニ對シ訊問ヲ爲スコト左ノ如シ

一問　氏名、年齡、職業、住居、本籍及出生地ハ如何

答　氏名ハ　正木昌之

年齡ハ　當二十六年

職業ハ　無職

住居ハ　大阪市旭區赤川町一丁目千十八番地正木秀一

方

本籍ハ　廣島縣賀茂郡竹原町四千四十八番地

出生地ハ　前同所

二問　今回檢事總長ハ被告人等ニ對シ斯樣ナ事實ニ付刑法第七十八條ノ罪被告事件トシテ大審院ニ豫審ヲ請求シタルカ之ニ付被告人ヨリ陳述スル事カアルカ

此ノ時豫審判事ハ被告人ニ對シ檢事總長ノ起訴ニ係ル豫審請求書記載ノ公訴事實ヲ讀聞ケタリ

答　只今御讀聞ケノ公訴事實中ニハ朝憲紊亂トカ暴動トカ云フ文字カ表レテ居リマスカ斯ル字句ニ依テ私ノ信念思想行動ヲ妄斷シ去ラレル公訴事實ハ私ノ体得シタ尊皇絶對ノ境地カラスレハ絶對ニ肯定スルコトカ出來マセヌ

因テ所謂神兵隊事件ニ關スル私ノ思惟行動ニ對シテ斯ル解釋ヲ下サレル現在ノ司法機構ノ指導原理ハ　天皇ノ御本質ヨリ遊離シタモノテアリマス　故ニ現司法機構ノ下ニアラセラレル貴官カ國体ノ本義ヲ体得セラレ尊皇絶對ノ境地ニ透徹セラレル迄ハ御取調ヲ受ケマセヌ

三問　然ラハ被告人ハ現在トシテハ當職ノ訊問ニ應セヌト云フノカ

答　左様テアリマス

被告人　正木昌之

右讀聞ケタル處無相違旨申立署名拇印シタリ

昭和十一年四月二十四日於大阪地方裁判所作之

大審院特別權限ニ屬スル被告事件豫審掛

東京刑事地方裁判所
裁判所書記　西田秀吉
豫審判事　兩角誠英

右謄本也
昭和十一年五月二十六日
東京刑事地方裁判所
裁判所書記

訊問調書

被告人　南方重雄

右被告人ニ對スル刑法第七十八條ノ罪被告事件ニ付昭和十一年四月二十五日大阪地方裁判所ニ於テ

大審院特別權限ニ屬スル被告事件豫審掛

豫審判事　兩角誠英

裁判所書記　西田秀吉

列席ノ上豫審判事ハ被告人ニ對シ訊問ヲ爲スコト左ノ如シ

一問　氏名、年齡、職業、住居、本籍及出生地ハ如何

答　氏名ハ南方重雄

年齡ハ當二十四年

職業ハ綿花商自家勤務

住居ハ大阪市西區南堀江通五丁目十一番地南方熊次

郎方

本籍ハ　前同所

出生地ハ　前同所

二問　今回檢事總長ハ被告人等ニ對シ斯樣ナ事實ニ付刑法第七十八條ノ罪被告事件トシテ大審院ニ豫審ヲ請求シタルカ之ニ付被告人ヨリ陳述スル事カアルカ

此ノ時豫審判事ハ被告人ニ對シ檢事總長ノ起訴ニ係ル豫審請求書記載ノ公訴事實ヲ讀聞ケタリ

答　貴官カ　天皇意識　皇道ノ眞髓ニ徹セラレル迄ハ一切ノ取調ヲ受ケマセヌ

夫レ以上ハ申上ケマセヌ

三問　然ラハ現在トシテハ當職ノ訊問ニ應セヌト云フノカ

答　左樣テアリマス

被告人　南方重雄

右讀聞ケタル處無相違旨申立署名捺印シタリ

昭和十一年四月二十五日於大阪地方裁判所作之

大審院特別權限ニ屬スル被告事件豫審掛

東京刑事地方裁判所

裁判所書記　西田秀吉

豫審判事　兩角誠英

右謄本也

昭和十一年五月二十六日

東京刑事地方裁判所

裁判所書記

訊問調書

被告人　大西卯之助

右被告人ニ對スル刑法第七十八條ノ罪被告事件ニ付昭和十一年四月二十五日大阪地方裁判所ニ於テ

大審院特別權限ニ屬スル被告事件豫審掛

豫審判事　兩角誠英

裁判所書記　西田秀吉

列席ノ上豫審判事ハ被告人ニ對シ訊問ヲ爲スコト左ノ如シ

一問　氏名、年齡、職業、住居、本籍及出生地ハ如何

答　氏名ハ　大西卯之助

年齡ハ　當三十三年

職業ハ　著述業

住居ハ　大阪市住吉區松田町一丁目二十五番地清和莊

大西

アパート內
本籍ハ　同市南區瓦屋町二番丁五十番地
出生地ハ　前同所

二問　今回檢事總長ハ被告人等ニ對シ斯樣ナ事實ニ付刑法第
七十八條ノ罪被告事件トシテ大審院ニ豫審ヲ請求シタ
ルカ之ニ付被告人ヨリ陳述スル事カアルカ

此ノ時豫審判事ハ被告人ニ對シ檢事總長ノ起訴ニ係ル豫審請求
書記載ノ公訴事實ヲ讀聞ケタリ

答　只今御讀聞ケノ公訴事實ハ全部ニ亘ツテ之ヲ肯定スル
コトカ出來マセヌ
尙貴官ハ皇道意識ヲ明確ニ把握シテ居ラレルモノトハ
認識スルコトカ出來ス同時ニ又私ノ信念ヨリスルトコ
ロノ　陛下ノ司法官テアラレルト云フ事モ肯定致シ兼

ネマスカラ之以上私トシテハ何モ申上ケラレマセヌ
三問　夫レテハ被告人ハ當職ノ訊問ニ應セヌト云フノカ
答　左樣テアリマス
尚前項ニ於テ申述ヘタ不滿ハ貴官ノミナラス現在ノ司法官全体ニ對シテ之ヲ抱イテ居ルノテアリマス

被告人　大西卯之助

右讀聞ケタル處無相違旨申立署名捺印シタリ
昭和十一年四月二十五日於大阪地方裁判所作之
大審院特別權限ニ屬スル被告事件豫審掛
東京刑事地方裁判所
裁判所書記　西田秀吉
豫審判事　兩角誠英

右謄本也

昭和十一年五月二十六日

東京刑事地方裁判所

裁判所書記

訊問調書

被告人　板垣　操

右被告人ニ對スル刑法第七十八條ノ罪被告事件ニ付昭和十一年四月二十七日德島地方裁判所ニ於テ

大審院特別權限ニ屬スル被告事件豫審掛

豫審判事　兩角誠英

裁判所書記　西田秀吉

列席ノ上豫審判事ハ被告人ニ對シ訊問ヲ爲スコト左ノ如シ

一問　氏名、年齡、職業、住居、本籍及出生地ハ如何

答　氏名ハ　板垣　操

年齡ハ　當二十七年

職業ハ　漁業

住居ハ　德島縣那賀郡橘町字西濱四十六番地ノ三

本籍ハ　前同所

出生地ハ　前同所

二問　今回檢事總長ハ被告人等ニ對シ斯樣ナ事實ニ付刑法第七十八條ノ罪被告事件トシテ大審院ニ豫審ヲ請求シタルカ之ニ付被告人ヨリ陳述スル事カアルカ

此ノ時豫審判事ハ被告人ニ對シ檢事總長ノ起訴ニ係ル豫審請求書記載ノ公訴事實ヲ讀聞ケタリ

答　貴官カ　天皇精神皇道意識ニ達スル迄ハ私ハ一切御話ヲ申上ケルコトカ出來マセヌ

三問　然ラハ現在當職ハ　天皇精神皇道意識ニ達シテ居ラヌト云フノカ

答　（默シテ答ヘス）

四問　兎ニ角被告人ハ現在トシテハ當職ノ訊問ニ應セヌ譯カ

答（默シテ答ヘス）

被告人　板垣　操

右讀聞ケタル處無相違旨申立署名捺印シタリ

昭和十一年四月二十七日於德島地方裁判所作之

大審院特別權限ニ屬スル被告事件豫審掛

東京刑事地方裁判所

裁判所書記　西田秀吉

豫審判事　兩角誠英

右謄本也

昭和十一年五月二十六日

東京刑事地方裁判所

裁判所書記

訊問調書

被告人　片岡　駿

右被告人ニ對スル刑法第七十八條ノ罪被告事件ニ付昭和十一年五月十五日東京刑事地方裁判所ニ於テ
大審院特別權限ニ屬スル被告事件豫審掛
豫審判事　兩角誠英
裁判所書記　西田秀吉
列席ノ上豫審判事ハ被告人ニ對シ訊問ヲ爲スコト左ノ如シ
一問　氏名、年齢、職業、住居、本籍及出生地ハ如何
答　氏名ハ　片岡　駿
年齢ハ　當三十三年
職業ハ　著述業
住居ハ　東京市牛込區鶴巻町二百二十三番地

本籍ハ　岡山縣津山市院庄三百八十五番地

出生地ハ　兵庫縣城崎郡湊村田結番地不詳

二問　今回檢事總長ハ被告人等ニ對シ斯樣ナ事實ニ付刑法第七十八條ノ罪被告事件トシテ大審院ニ豫審ヲ請求シタルカ之ニ付被告人ヨリ陳述スル事カアルカ

此ノ時豫審判事ハ被告人ニ對シ檢事總長ノ起訴ニ係ル豫審請求書記載ノ公訴事實ヲ讀聞ケタリ

答　吾々神兵隊同志ノ行動ハ決シテ内亂ヲ企圖シテ爲シタモノテハアリマセヌ

只今御讀聞ケノ公訴事實ハ吾々ノ眞精神ヲ表現シテハ居リマセヌ故ニ公訴事實ハ根本的ニ肯定致シ兼ネマス

而シテ總テノ行動ハ思想ニ淵源スルモノテアリマスカラ吾々ノ思想精神ニ對スル無理解ニ基ク公訴事實表示

ノ行動ノ點モ亦認識ヲ誤ツテ居ルモノト云ハネハナリマセヌ　從ツテ其ノ行動ノ點ニ付テモ亦否定スルノ外ナイノテアリマス
尚貴官カ皇道原理國体意識ニ徹底シタト認メラレル迄ハ之以上貴官ノ御取調ニハ應シ兼ネルノテアリマス

三問　然ラハ現在トシテハ當職カ皇道原理國体意識ニ徹底シテ居ラヌト認ムルカ故ニ當職ノ訊問ニハ應セヌト云フノカ

答　左樣テアリマス

被告人　片岡　駿

右讀聞ケタル處無相違旨申立署名拇印シタリ

昭和十一年五月十五日於東京刑事地方裁判所作之

大審院特別權限ニ屬スル被告事件豫審掛

東京刑事地方裁判所

裁判所書記　西田秀吉

豫審判事　兩角誠英

右謄本也

昭和十一年五月二十六日

東京刑事地方裁判所

裁判所書記

訊問調書

被告人　町田專藏

右被告人ニ對スル刑法第七十八條ノ罪被告事件ニ付昭和十一年五月十八日東京衛戍刑務所ニ於テ

大審院特別權限ニ屬スル被告事件豫審掛

豫審判事　兩角誠英

裁判所書記　西田秀吉

列席ノ上豫審判事ハ被告人ニ對シ訊問ヲ爲スコト左ノ如シ

一問　氏名、年齡、職業、住居、本籍及出生地ハ如何

答　氏名ハ　町田專藏

年齡ハ　當三十年

職業ハ　千代田通信社囑託

住居ハ　東京市王子區岩淵町二丁目二百八十七番地

柴崎武四郎方

本籍ハ　埼玉縣北埼玉郡埼玉村大字埼玉四千八百五十

一番地

出生地ハ　前同所

二問　今回檢事總長ハ被告人等ニ對シ斯樣ナ事實ニ付刑法第七十八條ノ罪被告事件トシテ大審院ニ豫審ヲ請求シタルカ之ニ付被告人ヨリ陳述スル事カアルカ

此ノ時豫審判事ハ被告人ニ對シ檢事總長ノ起訴ニ係ル豫審請求書記載ノ公訴事實ヲ讀聞ケタリ

答　只今御讀聞ケノ公訴事實ハ吾々ノ眞ノ精神ヲ十分ニ理解シテ表現シテアルモノトハ認メ兼ネマス

尙貴官ハ皇道精神　天皇意識ニ徹シテ居ラヌト認メマスカラ貴官カ皇道精神　天皇意識ニ徹スル迄ハ貴官ノ

取調ヲ受ケマセヌ
三問　然ラハ現在トシテハ當職ノ訊問ニ應セヌト云フノカ
答　左樣テアリマス
被告人　町田專藏
右讀聞ケタル處無相違旨申立署名拇印シタリ
昭和十一年五月十八日於東京衛戍刑務所作之
大審院特別權限ニ屬スル被告事件豫審掛
東京刑事地方裁判所
裁判所書記　西田秀吉
豫審判事　兩角誠英

二

右謄本也

昭和十一年五月二十六日

東京刑事地方裁判所

裁判所書記

第二回訊問調書

被告人　雨宮　信

右被告人ニ對スル刑法第七十八條ノ罪被告事件ニ付昭和十一年五月十九日東京刑事地方裁判所ニ於テ

大審院特別權限ニ屬スル被告事件豫審掛

豫審判事　雨角誠英

裁判所書記　西田秀吉

列席ノ上豫審判事ハ前回ニ引續キ右被告人ニ對シ訊問ヲ爲スコト左ノ如シ

一問　被告人ハ前回訊問ノ際曩ニ本件神兵隊事件ニ付吉本岡田兩豫審判事ニ對シテ申立テタ諸般ノ事項ニ關シテハ考慮ノ上兎角ノ答ヲ爲ス旨申立テタルニ依リ今日迄猶豫シテ來タ譯テアルカ其ノ點ハ如何

雨宮

答　私ハ其ノ御訊問ニ答ヘル前ニ先ツ以テ前回ノ私ノ供述ハ全部之ヲ取消スト云フ事ヲ申上ケテ置キマス
ソシテ貴官カ國体ノ原理並ニ皇道意識ニ徹底セラレル迄ハ貴官ノ御取調ヲ受ケ度クアリマセヌ
二問　ソレテハ現在トシテハ當職カ國体ノ原理並ニ皇道意識ニ徹底シテ居ラヌト認ムルカ故ニ當職ノ訊問ニハ應セヌト云フノカ
答　左樣テアリマス

被告人　雨宮　信

右讀聞ケタル處無相違旨申立署名捺印シタリ
昭和十一年五月十九日於東京刑事地方裁判所作之
大審院特別權限ニ屬スル被告事件豫審掛
東京刑事地方裁判所

裁判所書記　西田秀吉
豫審判事　兩角誠英

右謄本也

昭和十一年五月二十六日

東京刑事地方裁判所

裁判所書記

第二回訊問調書

被告人　阿部克巳

右被告人ニ對スル刑法第七十八條ノ罪被告事件ニ付昭和十一年五月二十日東京刑事地方裁判所ニ於テ
大審院特別權限ニ屬スル被告事件豫審掛
豫審判事　兩角誠英
裁判所書記　西田秀吉
列席ノ上豫審判事ハ前回ニ引續キ右被告人ニ對シ訊問ヲ爲スコト左ノ如シ

一問　被告人ハ前回訊問ノ際本件神兵隊ノ計畫ニ參加シテ蹶起セントシタ眞精神ト其ノ計畫ノ目的ニ付テハ何レ手記ヲ作成シ其レヲ提出ノ上申立ツヘキ旨供述シタルカ其ノ手記カ出來タナラハ其レヲ提出ノ上申立テヨ

答　私カ前回貴官カラ取調ヲ受ケタノハ本年三月二十五日ノ事テスカ其ノ翌二十六日ニ私ハ東京區裁判所檢事局ニ呼出サレテ此ノ事件トハ全ク關係ノナイ嫌疑ノ事實ニ付取調ヲ受ケ其ノ翌二十七日ニ勾引狀ニ依テ警視廳ニ留置セラレ其ノ翌二十八日ニ市谷刑務所ニ勾留セラレ次イテ同月三十一日ニ東京區裁判所公判廷ニ於テ暴力行爲等處罰ニ關スル罪並ニ住居侵入罪ノ被告人トシテ審理ヲ受ケ其ノ後本年四月二日ニ同裁判所ニ於テ懲役三月ニ處スル旨ノ判決ヲ受ケタノテ其ノ判決ニ不服ノ點モアリマシタカ上訴スレハ審理ニ依ル勾留カ長引クト考ヘタ爲卽時上訴權ヲ拋棄シ爾來市谷刑務所ニ於テ服役シテ居ル次第テアリマシテ御約束ノ手記ヲ作成スル機會カナカツタノテアリマス　夫レテ私ハ手記ノ

作成ヲ止メ直ニ口頭テ御訊ネノ點ニ付テ申上ケルコト
ニ致シマス

二 問　夫レテハ只今訊ネタ點ニ付テ直ニ申立テヨ

答　一体我カ國ノ國体ハ家族ノ集團ヲ細胞トシ精神ト物質即チ道徳ト經濟ノ二道カ不二一体ヲ以テ組織サレテ居ルノテアリマシテ此ノ道徳ト經濟トカ分離スル樣ナ事カアレハ夫レハ取リモ直サス我カ國体ノ分解作用ヲ起スモノテアルト思ヒマス　然ルニ私カ神兵隊ノ計畫ニ參加シタ當時ノ國情ハ全ク以上ノ二道カ分離セシメラレテ居ルモノト認メネハナリマセヌテシタ　又道徳ト法律モ相伴ツテ居ラス　從ツテソコニ横暴ナル資本家階級カ生シテ居ルト云フ狀態テアリマシタ而モ明治維新以來徒ニ歐米思想ヲ輸入シ無批判ニ外來文化ヲ受入

レタ爲國体ノ本義タル一君萬民共存共榮ノ根本原則ニ依ル我カ國本來ノ君民ノ一体性カ傷ケラレ我カ國ノ精神文化ハ毫モ顧ラレヌ狀態ニ立至ツテ居リマシタ其ノ爲資本主義カ生シ利己的自由權利主義思想カ瀰漫シ我カ國固有ノ親子主義ヲ原則トスル組織ト相和セサルトコロノ諸制度法律等カ生シ「義ハ君臣情ハ父子」ナル雄略天皇ノ御遺詔ノ如キ親子主義ノ情操ハ全ク之ヲ見ルコトカ出來ナクナツテ居リマシタソシテ資本主義政治經濟機構ノ缺陷ニ起因シ對內的ニハ政黨財閥並ニ特權階級カ相結ンテ私利私慾ノミニ沒頭シ國策ヲ誤リ當時ノ重大時局ヲ收拾スル事カ出來ス徒ニ彌縫糊塗ニ依テ其ノ日ヲ過シテ居ルト云フ狀態テアリマシタ一面對外的ニハ國際協調主義カ破レ經濟帝國主義ノ姿ヲ露骨

ニ現シテ居ル英米露支等ノ虎視眈々タル裡ニアツテ千九百三十五、六年ノ交ヨリ襲來ヲ豫想セラルヘキ洵ニ重大ナ難局危機ニ直面シテ居リマシタ就中日露ノ關係ハ愈戰爭勃發ノ危機ヲ告ケテ居リマシタ然ルニ外交官ハ徒ニ歐米追隨ヲ能事トシ一人トシテ日本ノ大天職ヲ考ヘテ外交ノ衝ニ當ル者ナク我カ國ノ外交史ヲ繙ク時ハ只屈辱的外交ノミニ依テ終始セラレ彼ノ倫敦海軍條約ノ如キハ明白ニ夫レヲ物語ツテ居リ其ノ爲皇軍將校ノ憤死又ハ時ノ首相濱口雄幸暗殺事件等ヲモ招來セシメ皇國陸海軍々人カ血ニ依テ僅カニ伸張シ得タル國權ヲモ喪失セシメツヽアル樣ナ狀態テアツタノテアリマス而シテ此ノ事件當時ノ齋藤内閣ノ如キハ左樣ナ非常時局ニ際シ之ヲ打開スヘキ何等ノ確信モ經綸モ持ツテ居ラス畢竟政黨財閥並ニ特權階級ノ傀儡ニ過キヌ存在テアリマシタ　又以上ノ様ナ國情ノ缺陷ニ乘シ共產主義等ハ日本國民タル自己ノ立場ヲ忘レ徒ニ唯物思想ニ眩惑セラレ萬世一系皇統連綿タル我カ帝國ヲシテ滅亡セシメル様ナ運動ニ身命ヲ賭シテ活動シ第二ノ國民ヲ養成スヘキ小學校敎員果ハ恐レ多クモ菊花御紋章ヲ戴ク裁判所内ニスラ之等ノ逆徒ヲ出スニ至ラシメルト云フ狀態テアリマシタソシテ斯ノ如キ糜爛シ切ツタ狀態ヲ其ノ儘ニ推移セシメ置クナラハ金甌無缺ノ我カ國モ遂ニハ崩壞ヲ免レヌ有様テアリマシタ

一体斯ル非常時局ヲ招來セシメタ原因カ那邊ニ存スルカト云ヒマスト夫レハ政黨政治ノ弊害ト資本主義經濟機構ノ缺陷ニ基因スルモノテアルカ故ニ一日モ早ク政

治經濟機構ノ徹底的革新ヲ計リ個人主義利己主義等ニ依ル諸制度ヲ革正シ我カ國神武創業ノ一君萬民共存共榮ノ皇政ニ復古セシメネハナラヌト痛感致シマシタ其ノ為ニハ所謂合法的手段ニ依ルノテハ其ノ目的ヲ達成シ得サルカ故ニ曩ニ血盟團及五・一五事件ノ先驅同志カ相次イテ非合法手段ニ訴ヘテ蹶起シタルモ其ノ全目的ヲ達成スルコトカ出來ナカツタノテ吾々ハ今度コソハ非合法手段ニ依リ最後必勝的ノ擧ニ出テ所期ノ目的ヲ達成セネハナラヌト痛感シテ居リマシタ其ノ方法トシテハ政黨政治ノ根幹ヲ為ス既成政黨ノ首領又ハ資本主義經濟機構ノ中樞ヲ為ス財閥ノ巨頭並ニ之ト結託スル君側ノ重臣等一切ノ反國家的存在ヲ芟除シ以テ眞ニ皇道原理ニ基ク一大改造ヲ斷行シ眞ニ　天皇御親政ノ

確立ヲ期センコトヲ念願シテ居ツタノテアリマス　其ノ際我カ陣營ノ幹部鈴木善一氏等カ愈蹶起スルト云フ事ヲ聞キマシタノテ私ハ我カ國民ハ大君ノ爲ニ殉スル事ヲ昔ヨリ最高道徳トシ又國民ノ本分トシテ居ルト云フ事ヲ思ヒ萬世一系ノ皇室ヲ眞只中ニ擁シ奉ツテ其ノ周圍ニ生死スヘキテアリ　陛下ノ御爲トアレハ喜ンテ生命ヲ投出スヘキテアルト考ヘ日本人ノ感情ヨリシテ恰モ戰場ニ向フ兵士ノ意氣ヲ以テ鈴木氏等ノ蹶起セントシタ其ノ擧ニ參加シ所謂昭和維新ノ捨石タランコトヲ期シタノテアリマス以上カ私ニ於テ此ノ神兵隊ノ計畫ニ參加シテ蹶起セントシタ精神テアリ理由テアルノテアリマス

而シテ神兵隊トシテノ目的ニ付テハ私ハ其ノ計畫ノ相

談ニ參與シナカツタ爲具体的ニハ判ツテ居リマセヌカ然シ其ノ目的ハ平素吾々ノ念願シテ居タ昭和維新ヲ斷行シテ眞ニ　天皇御親政ヲ確立スルニアルモノト考ヘテ居ツタノテアリマス

三　問　此ノ際尙申立テ度イ事ハナイカ

答　私ハ前ニ岡田豫審判事カラ御訊問ヲ受ケタ際申述ヘタ事項中ニ訂正シ度イ點カアリマスカラ夫レヲ此ノ際申上ケテ置キマス

夫レハ同豫審判事ノ第四回訊問調書中第五問答部分ニ屬スル點テアリマスカ其ノ部分ニ於テ私ハ基礎工事ノ完成シタ後新タニ永久的ノ政府カ建設セラレ其ノ政府ニハ恐レ多クモ秩父宮樣ヲ推戴シ奉ルコトヲ心ニ念シテ居タ樣ニ供述シタカト思ヒマスカ其ノ點ハ相違シテ

居ルノテアッテ眞相ハ只私ハ其ノ政府ニハ恐レ多クモ秩父宮樣ヲ推戴シ奉ルノテハナカラウカト想像シテ居ツタノミノコトテアリ私自身カ其ノ推戴ヲ心ニ念願シテ居ツタ譯テハナイノテアリマス　ソレテ此ノ點ヲ訂正シテ置キマス

次ニ吾々カ此ノ神兵隊ノ計畫ニ參加シタ眞精神ハ「海行かは水つく屍山行かは草むす屍大君の邊にこそ死なめかへりみはせし」ト云フ歌ニ表現サレテ居リ其ノ以外ニハ何モノモアリマセヌ　又吾々ノ眞精神ハ日本外史楠公父子ノ訣別ノ部ニ「身ヲ以テ國ニ殉シ死アリテ他アルナシ」ト歌ツテアル章句ニ一切カ表現サレテ居リ其ノ氣持以外ニハ何モノモアリマセヌ　ソシテ吾々ノ行動カ單ニ改造トカ破壞トカ云フ樣ナ事ノミヲ目標

トシタカノ樣ニ本日ノ冒頭ノ供述カ受取ラレルトスル
ナラハ夫レハ私ノ意思表示ノ表現ノ仕方カ誤ツテ居ル
モノテアリマスカラ左樣ニ御理解ノ上吾々ノ眞精神ハ
右ニ述ヘタ盡忠報國ノ歌ト章句トニ表ハレテ居ルト御
賢察ヲ願ヒマス
四問　何カ辯解ハナイカ
此ノ時本件嫌疑ノ原由ヲ告ケタリ
答　別ニアリマセヌ
被告人　阿　部　克　巳
右讀聞ケタル處無相違旨申立署名拇印シタリ
昭和十一年五月二十日於東京刑事地方裁判所作之
大審院特別權限ニ屬スル被告事件豫審掛
東京刑事地方　裁判所

裁判所書記　西田秀吉
豫審判事　兩角誠英

右謄本也

昭和十一年五月二十七日

東京刑事地方裁判所

裁判所書記

第二回訊問調書

被告人　奥戸足百

右被告人ニ對スル刑法第七十八條ノ罪被告事件ニ付昭和十一年五月二十日東京刑事地方裁判所ニ於テ
大審院特別權限ニ屬スル被告事件豫審掛
豫審判事　兩角誠英
裁判所書記　西田秀吉
列席ノ上豫審判事ハ前回ニ引續キ右被告人ニ對シ訊問ヲ爲スコト左ノ如シ

一問　被告人ハ前回訊問ノ際本件神兵隊事件ニ付曩ニ西久保岡田兩豫審判事ニ對シテ申立テタ諸般ノ事項中ニハ事實相違ノ爲訂正シ度イ點モ多々アリ又十分ニ意ヲ盡サナカツタ爲補充シ度イ點モアル旨申立テタルカ却說其

ノ訂正又ハ補充シ度イト云フ點ハ如何

答　私ハ此ノ事件ニ付テ前ニ訊問ヲ受ケタ各豫審判事ノ取調ニ對シテハ不滿ノ點カ多々アツタノテアリマス　一体行動ハ思想ニ基クモノテアルノニ前ノ豫審當時ノ各判事ハ夫レヲ理解セスニ取調ヲ進メラレタノテアツテ其ノ點カ甚タ不滿テアリマシタ

而シテ現在ノ私ノ心境ヲ申上ケマスト最近二・二六事件カ起リ政變カ行ハレタノテアリマスカ國家重要機關ノ人達カ悉ク自己ノ職責ノ何モノナルカヲ本當ニ自覺シテ居ラヌ事カ現實明確ニ認識セラレテ來タノテアリマス　故ニ前ノ豫審判事ニ付テテモアリマスカ又現在貴官ノ御取調ニ對シテモ私ハ不滿ヲ持ツテ居ルノテアリマス

私ノ本當ニ心カラ御願ヒスルコトハ御取調ヲ為サル方カ本當ニ　天皇陛下ノ大御心ヲ体シタ司法的近衛兵トシテノ精神ヲ把握シタ御方テアリ度イト思フノテアリマス吾々ノサウ云フ希望ハ我カ國ノ裁判ヲ本當ニ　天皇陛下ノ御裁判テアル樣ニ為シ度イト云フ一念ニ歸スルノテアリマス

私カ何故ニ左樣ニ申スカト云ヒマスト吾々ノ行動ハ而モ其ノ事實ニ現ハレタ行動ハ吾々ノ根本的ノ精神目的カラ云フト枝葉ノ問題ニ過キヌト思ヒマス　吾々ノ行動ハ國体ノ絶對性ヲ認識シ日本國家本然ノ姿ニ立歸ラシメントシタ念願行動テアリマシタカ故ニ本然ノ姿及國体意識ヲ把握シ　天皇陛下ニ對シ奉リ烈々燃ユルカ如キ奉公心ヲ把握シタ御方テナケレハ怎ウシテモ吾々

ノ眞精神ヲ理解シテ戴キ　天皇陛下ノ大御心ヲ体シタ御裁判ヲ願フ事ハ出來ヌト思フカラテアリマス

以上ノ如クテアリマスカラ現在ノ司法部行政部軍部其ノ他ノアラユル國家重要機關カ悉ク國体ノ如何ナルモノテアルカヲ認識セサル官吏ニ依テ組織サレテ居ルト云フ事ハ私共ノ端ヘラレヌトコロテアルカ故ニ怎ウシテモ其ノ誤レル所ヲ指摘シ反省セシメ度イト思フノテアリマス

以上申上ケタ樣ナ私ノ氣持テアリマシテ貴官ハ眞ニ天皇ノ大御心ヲ体シタ裁判ヲ爲サレル御資格カ備ハツテ居ラヌト認メマスノテ之以上貴官ノ御取調ニハ應スルコトカ出來マセヌ

尚一言附加シテ置キマス　實ハ私カ最近上京スル迄ハ

右ニ申述ヘタ様ナ氣持文テ居ツタトコロ突然同志橋爪宗治君カ刑事訴訟法第百十九條ニ依テ實付ヲ取消サレタトノ事實ヲ聞キマシタカ夫レハ同君ニ於テ同條項ニ當ル樣ナ落度不都合ノナキニ拘ラス拘禁セラレタモノテアツテ要スルニ合法的暴力行爲テアルト思フノテアリマス斯ル事實カラ見テモ裁判カ甚タシク歪メラレテ居ル事ヲ認メラレマスカラ橋爪君カ釋放セラレル迄ハ貴官ノ御取調ヲ受ケルコトカ出來ヌト云フコトヲ痛感セシメラレルノテアリマス

被告人　奥戸足百

右讀聞ケタル處無相違旨申立署名拇印シタリ

昭和十一年五月二十日於東京刑事地方裁判所作之

大審院特別權限ニ屬スル被告事件豫審掛

東京刑事地方裁判所

裁判所書記　西　田　秀　吉

豫審判事　兩　角　誠　英

右謄本也

昭和十一年五月二十七日

東京刑事地方裁判所

裁判所書記

第二回訊問調書

被告人　田崎文藏

右被告人ニ對スル刑法第七十八條ノ罪被告事件ニ付昭和十一年五月二十日東京刑事地方裁判所ニ於テ

大審院特別權限ニ屬スル被告事件豫審掛

豫審判事　兩角誠英

裁判所書記　西田秀吉

列席ノ上豫審判事ハ前回ニ引續キ右被告人ニ對シ訊問ヲ爲スコト左ノ如シ

一問　被告人ハ前回訊問ノ際神兵隊蹶起ノ目的ニ付テハ更ニ秩序的ニ纒メテ詳細ニ陳述シ度イ故若干ノ猶豫ヲ乞フ旨申立テタルニ依リ今日迄猶豫シ來ツタ譯タカ却說其ノ目的ノ點ニ付テ被告人ハ事件當時如何ニ認識シテ居

タカ

答　此ノ事件ニ付テ前ニ清水豫審判事カラ取調ヲ受ケタ際ニハ大イニ事實ヲ歪メラレテ取調ヘラレテ居ルノテ只今御訊ネニ爲ツタ點ノミナラス此ノ事件ニ關スル全般ニ亘ツテ更ニ詳細ニ申上ケ度イノテハアリマスカ遺憾ナカラ貴官ハ眞ニ　天皇ノ司法官トシテノ意識ニ徹底セラレテ居ラヌト認メマスカラ貴官カ其ノ意識ニ徹底サレル迄ハ之以上貴官ノ御取調ヲ受ケルコトヲ拒否致シマス

被告人　田　崎　文　藏

右讀聞ケタル處無相違旨申立署名拇印シタリ

昭和十一年五月二十日於東京刑事地方裁判所作之

大審院特別權限ニ屬スル被告事件豫審掛

東京刑事地方裁判所

裁判所書記　西田秀吉

豫審判事　兩角誠英

右謄本也

昭和十一年五月二十六日

東京刑事地方裁判所

裁判所書記

二

第二回訊問調書

被告人　橋爪宗治

右被告人ニ對スル刑法第七十八條ノ罪被告事件ニ付昭和十一年五月二十三日市谷刑務所ニ於テ

大審院特別權限ニ屬スル被告事件豫審掛

豫審判事　兩角誠英

裁判所書記　西田秀吉

列席ノ上豫審判事ハ前回ニ引續キ右被告人ニ對シ訊問ヲ爲スコト左ノ如シ

一問　本件神兵隊事件ニ付テ被告人カ前回當職ニ申立テタ供述内容ハ其ノ通リ相違ナイカ

答　相違アリマセヌ

二問　尙被告人カ神兵隊ニ參加シテ蹶起セントシタ思想的根

據ニ付テ申立ツヘキ事ハナイカ

答　其ノ點ニ付テ申上ケ度イ事カ多々アリマスカ夫レハ前ニ佐野檢事宛ニ提出シタ上申書ニ詳細ニ記載シテアリマスカラ其ノ上申書ヲ御覽ヲ願ヒマス

三問　其ノ上申書ト云フノハ之カ

此ノ時本件記錄中第十部ノ第五册目二千百六十二丁以下ノ被告人名義ノ上申書ヲ示ス

答　左樣テアリマス

御覽ノ通リ此ノ上申書ニハ

國家改造ニ付テ

一、資本主義打倒

二、政黨政治ノ粉碎

三、共產主義ノ討滅

四、外交問題
五、結語
日本主義建設案大要
一、決死ノ覺悟
二、建設ニ關スル私見
三、昭和皇道維新
四、日本主義又ハ皇道ニ基ク新日本建設
五、神兵隊參加當時ニ於ケル破壞後建設セラルヘキ國
家制度ニ付テノ考
六、事件ニ付テノ感想
ト云フ風ニ項目ヲ分ケテ詳細ニ記載シテアリマスカ私
カ神兵隊ニ參加シテ蹶起セントシタ思想的根據ハ此ノ
上申書中右項目ノ部分ヲ御覽下サレハ御理解ヲシテ載

クコトカ出來ルト思ヒマス

四問　前回被告人ハ神兵隊ノ計畫ヲ實行ニ移サントシタ當時昭和皇道維新斷行ノ一過程トシテ憲法ノ改正ヲ要スヘキモノト考ヘテ居タ旨申立テタルカ却説其ノ改正ヲ要スヘキ點ニ付其ノ當時如何ニ考ヘテ居タノカ

答　其ノ當時私ハ憲法中改正ヲ要スヘキ點ハ左ノ數點テアルト考ヘテ居リマシタ

即チ

一、內大臣官制ノ廢止

二、樞密院官制ノ改革

三、貴族院ノ徹底的改革

四、私有財產制度ノ根本的改革

等ノ諸點ニ付テテアルト考ヘテ居リマシタ

尚私カ茲ニ憲法ト申上ケタノハ單ニ成文憲法其ノモノノミニ限ラレタ趣旨テハナク憲法附屬法典ヲモ含ンテ居ル趣旨テスカラ左様ニ御含ミヲ願ヒマス

五問　被告人ハ本年二月下旬ニ突發シタ所謂二、二六事件ノ際叛亂軍ノ占據地帶ニ立入リ其ノ指揮官安藤輝三大尉ト會見シタトノ事ナルカ如何

答　左様テアリマス

御訊ネノ如キ事實カアツタニ相違アリマセヌ

六問　然ラハ其ノ會見ヲ爲スニ至ツタ動機及目的ハ如何

答　御訊ネノ點其ノ他其ノ會見ニ關スル顛末等ニ付テハ次ノ機會ニ詳細ニ申上ケ度イト思ヒマス

被告人　橋　爪　宗　治

右讀聞ケタル處無相違旨申立署名拇印シタリ

昭和十一年五月二十三日於市谷刑務所作之

大審院特別權限ニ屬スル被告事件豫審掛

東京刑事地方裁判所

裁判所書記　西田秀吉

豫審判事　兩角誠英

右謄本也

昭和十一年六月二日

東京刑事地方裁判所

裁判所書記

訊問調書

被告人　安田銕之助

右被告人ニ對スル刑法第七十八條ノ罪被告事件ニ付昭和十一年六月三日東京刑事地方裁判所ニ於テ
大審院特別權限ニ屬スル被告事件豫審掛
豫審判事　兩角誠英
裁判所書記　西田秀吉
列席ノ上豫審判事ハ被告人ニ對シ訊問ヲ爲スコト左ノ如シ
一問　氏名、年齡、職業、住居、本籍及出生地ハ如何
答　氏名ハ　安田銕之助
年齡ハ　當四十八年
職業ハ　無職
住居ハ　東京市世田谷區上北澤二丁目四百七十三番地

本籍ハ　熊本市西坪井町百四十番地
出生地ハ　同市内坪井町百三番地
二問　今回檢事總長ハ被告人等ニ對シ斯樣ナ事實ニ付刑法第七十八條ノ罪被告事件トシテ大審院ニ豫審ヲ請求シタルカ之ニ付被告人ヨリ陳述スル事カアルカ
此ノ時豫審判事ハ被告人ニ對シ檢事總長ノ起訴ニ係ル豫審請求書記載ノ公訴事實ヲ讀聞ケタリ
答　私ハ只今御讀聞ケノ事實ニ付意見ヲ申述ヘ又ハ認否ノ御答ヲスル前ニ申述ヘ度イ事カアリマス
夫レハ貴官ノ御取調ヲ否ムコトテス　換言スレハ貴官ヲ忌避スルノテス
尚此ノ際ニ前ノ豫審當時ノ吉本判事ノ豫審調書ヲ全部總体的ニ取消シマス　其ノ取消ノ理由ハ同判事ノ豫審

終結決定書ヲ見テ意外ニ思ツタカラテアリマス　其ノ内容ハ全然豫期ニ反對ノ結果ヲ引出シテ居リマス斯クノ如キ豫想外ノ結果カ生起スルノハ調書ノ内容其ノモノカ事實ニ反シ眞實ニ悖ルコトノ危險ヲ包含シテ居ル事ヲ發見シタカラテアリマス

而シテ責官ヲ忌避スル理由ヲ次ニ申述ヘマス

私ハ決シテ　天皇ノ司法機構ヲ否認スルト云フ考ハ持チマセヌ只其ノ機構ヲ充當シテ居ル人々換言スレハ陛下ノ御信任御期待ヲ忝ウシ居ル人々カ眞ノ　陛下ノ司法官タル重責ヲ自覺セス啻ニ私心私情ヲ増長セシメテ出身出世ヲ專念シ生計糊口ニ沒頭シ安逸安樂ニ出頭スル非日本的ノ人生觀ニ沈溺シテ居ル許リテナク御委任ノ職責ヲ濫用シテ（有心無心ニテ）實ハ　天皇ノ御

高徳御稜威ヲ掩蔽遮断シテ非常國難否非常皇難ヲ惹起シタル元兇即チ「アングロ」魂化生ノ閥族ノ存在存續ヲ擁護シ却ッテ逆（サカシマ）ニ陛下ノ御天職ヲ拘束冒瀆シツヽアル似而非法官ヲ否認スルノテス

最近ノ一例ヲ以テ擧證スレハ國体ヲ紊亂シ　天皇ノ御本質ヲ侵犯スル凶悪思想ノ　天皇機關論者ヲ寛恕放任スルカ如キ司法當局ハ日本法官タルノ眞使命ヲ忘却セル反皇道非日本ノ思想保持者テアッテ全ク機關論者ト選フコトナキ賊徒ニ外ナラヌノテス而シテ貴官ヲ含ム司法官全員ノ内誰一人トシテ敢然トシテ立チ此ノ眞實ナル司法ノ實現ニ身ヲ挺スル者モ居ラス只官規官律ヲ守リ統制ヲ保ツト云フ口實ノ裏（ウチ）ニ立籠ッテ保身明哲ノ私念私情ヲ跋扈サセテ居ラルヽノテス

之儼然タル事實ニシテ　天皇ノ御本質ヲ擁護シ奉ル眞意眞法ノ守兵テナク御本質カラ遊離セル法ノ番人卽チ天皇ノ御稜威ヲ侵犯スル民主的法治國ノ司法官テアルコトヲ明瞭ニ暴露シテ居ルノテス

斯クノ如キ臣節ヲ盡サス奉公ヲ勵マサル人々ハ實ニ其ノ職責ヲ辱シメ御信任ヲ傷ケ居ル無資格者テアルカラ何ニ依テ日本人タルノ眞使命ニ自覺シテ大和魂ノ奥底カラ果遂シタ神兵隊ノ人々ヤ夫レニ關係ヲ持ツタ私ヲ取調ヘ得ルノテスカ

現ニ貴官ハ理由ナク吾々ノ勾留處分ノ決定ヲ存置シテ居ラレマス　吾々ハ證據ヲ湮滅セントスル虞モナク又逃亡スル虞モナキニ拘ラス尚勾留處分ノ決定ヲ存置シテ居ルノテス換言スレハ(一)吾々カ逃亡シタリ證據ヲ湮

三

滅シタリスル處アリト思考スルトコロニ貴官ノ日本人トシテノ信念上ニ矛盾カアリ思想的ニ缺陷カアリ(二)同時ニ法律ヲ濫用シテ人權ヲ蹂躙シツヽアルモノテアツテ大御心カラ遊離シタ非日本的法官ノ思想態度ヲ實現シテ居ルノテス

ガ如ク大御心ニ離反シ日本人ノ本質ヲ缺如セル貴官ニ依テ取調ヘラルヽコトニ依リ眞實ナル大御心ニ基ク裁判カ行ハレ様トハ信セラレマセヌカラ忌避スルノテス

之ヲ要スルニ貴官ヲ忌避スル所以ハ貴官カ　天皇ノ大御心ヲ奉体シタル眞ノ　天皇ノ法官タラサルカ故テアツテ眞實ニ　天皇ノ法官タルノ本質ヲ具現セラルヽナラハ何時ニテモ亦夫レカ誰人テアラウトモ謹ンテ取調ヲ受ケルモノテアリマス

被告人　安田銕之助

右讀聞ケタル處無相違旨申立署名捺印シタリ

昭和十一年六月三日於東京刑事地方裁判所作之

大審院特別權限ニ屬スル被告事件豫審掛

東京刑事地方裁判所

裁判所書記　西田秀吉

豫審判事　兩角誠英

右謄本也

昭和十一年六月四日

東京刑事地方裁判所

裁判所書記

第三回訊問調書

被告人　橋爪宗治

右被告人ニ對スル刑法第七十八條ノ罪被告事件ニ付昭和十一年五月二十五日市谷刑務所ニ於テ

大審院特別權限ニ屬スル被告事件豫審掛

豫審判事　兩角誠英

裁判所書記　西田秀吉

列席ノ上豫審判事ハ前同ニ引續キ右被告人ニ對シ訊問ヲ為スコト左ノ如シ

一問　被告人ハ本年二月下旬ニ突發シタ所謂二、二六事件ノ際叛亂軍ノ占據地帶ニ立入リ其ノ指揮官安藤輝三大尉ト會見シタ由ナルカ一體被告人カ左樣ナ行動ヲ執ルニ至ツタ動機及目的ハ如何

答

私カ左樣ナ行動ヲ爲スニ至ツタ動機ヤ目的ハ云ハヽ偶發的ノモノテアツテ別ニ深イ根據カアツテノ事テハアリマセヌ

其ノ點ニ付テ之カラ詳シク申上ケルコトニ致シマス

所謂二、二六事件ハ本年二月二十六日ノ未明ニ突發シタ事件テアリマスカ私ハ其ノ當時麴町區永田町二丁目八十六番地ノ大日本生產黨關東本部ニ寢泊リシテ居リ右二十六日ノ午前七時頃其ノ事件ノ起ツタト云フ事ヲ知ツタノテアリマス夫レテ私ハ早速大阪在住ノ大日本生產黨總本部委員長吉田益三氏及茅ケ崎ニ靜養中ノ同黨總裁內田良平先生ニ對シ事件突發ノ旨ヲ電報テ報告致シマシタ

スルト同日午後七時頃吉田委員長カラ今回ノ事件ニ付

テハ互ニ自重靜觀セラレ度シトノ返電カ參リマシタ其ノ爲生產黨トシテハ其ノ事件ニ對シ全ク靜觀ノ態度ヲ以テ臨ムコト、シテ居リマシタ尤モ吾々ハ事件ニ關スル情報ヲ集メル必要ヲ認メ生產黨關東本部並ニ之ニ隣接シタ黑龍會出版部ニ於テ一般社會カラ事件ニ對スル情報ヲ集メテ居リマシタ斯クテ其ノ翌二十七日午後六時半頃ニ至リ首相官邸ヲ占據シテ居タ蹶起部隊ノ一部（約一個中隊二、三百名位）カ山王ホテル及幸樂ニ入リ來ツテ之ヲ占據シタ事カ判リマシタ夫レハ吾々ノ寢泊リシテ居タ生產黨關東本部カ首相官邸、山王ホテル幸樂等ト相接近シテ居ル場所ニ位スル爲居ナカラニシテ蹶起部隊ノ移動カ判ツタノテアリマス夫レカラ同日午後他カラ入ツタ情報ニ依レハ蹶起部隊ヨリ軍首腦部

ニ對シ三個條ノ要求卽チ
一、眞崎大將ヲ中心トスル軍政府ノ樹立
二、統制經濟ノ確立
三、金融ノ奉還
及其ノ附帶要求トシテ
イ、五、一五事件ノ被告卽時釋放
ロ、永田事件ニ關スル被告相澤中佐ノ卽時釋放
ト云フ條件ヲ提出シタトノ事テアリマシタカラ吾々ハ果シテ蹶起部隊カ斯ル條件ヲ提出シタカ怎ウカニ付テ疑念ヲ抱カサルヲ得マセヌテシタ何トナレハ蹶起部隊ノ首腦部ナル安藤大尉其ノ他ノ青年將校等ハ軍部內ニ於ケル皇道派ノ內ノ理論派ニ屬シ自ラ行動ヲ起シテ政權ヲ掌握セントスルカ如キ事ヲ希求シテ居ナカツタ事

カ曩ニ其ノ一派ナル村中幸次、磯部淺一ノ二人ニ依テ出サレタ肅軍ニ關スル意見書中ニ明確ニ表ハレテ居ルノヲ見テ承知シテ居ツタ爲右ノ如キ疑念ヲ抱カサルヲ得ナカツタノテアリマス

其ノ他事件ニ關シ諸多ノ流言蜚語カ誠シヤカニ喧傳セラレ何レカ眞ニシテ何レカ僞テアルカ其ノ眞相ヲ捕捉スルニ苦シム狀態テアリマシタ其ノ翌二十八日午後四時半頃ニ至リ私ハ蹶起部隊ノ占據狀態ヲ巡視シテ見タイト云フ氣持カラ木綿ノ絣ノ着物ヲ着流シテ單身生產黨關東本部カラ飄然外出シ虎ノ門ノ方ヘ歩イテ行キ更ニ外務省カラ警視廳附近迄進ンテ參リマシタカ蹶起部隊ノ哨兵カ銃劍ヲ手ニシ諸所ニ機關銃ヲ据付ケ物々シク警戒シテ居テ占據地帶ヘハ一歩モ入レヌノテ私ハ人

込ミノ中ヲ縫フテ生産黨關東本部ノ方ヘ戻ツテ參リマシタ其ノ際私ハ其ノ前日蹶起部隊ノ一部カ山王ホテルト幸樂トヲ占據シタト云フ事ヲ承知シテ居ツタノテ其ノ占據狀態カ如何樣ニ爲ツテ居ルカヲ見度イト云フ氣持ニ爲リ幸樂ノ方ヘ歩イテ行ツテ見マシタスルト幸樂前ノ電車通リニハ二、三千名ノ大衆カ參集シテ居リ之ニ對シ四、五ケ所テ蹶起部隊ノ下士官カ蹶起趣意書ヲ反覆朗讀シテ聞カセ夫レカ終ル每ニ大衆カ萬歲ヲ唱ヘルト云フ有樣テアリマシタソレカラ午後六時頃私カ現場ヲ引揚ケテ山王ホテルノ方ヘ歩イテ參リマスト途中テ偶然村田等君ニ出會ヒマシタ同人ハ生産黨關東本部理事兼同本部書記局員テアツテ其ノ當時每日麻布區谷町ノ自宅カラ生産黨關東本部ニ通勤シテ居タ人物テアリマスソコテ私カ村田ニ對シ自分ハ今情勢ヲ視察シテ歸ルトコロテアルカ君ハ怎ウシタノカト尋ネタトコロ村田ノ申スニハ幸樂ニ安藤大尉カ居リ行ケハ會ヘルラシイカラ行ツテ會ツテ見ヤウト思フカ君モ行ツテ見ナイカトノコトテシタカラ私モ若シ安藤大尉ニ會ヘルナラ會ツテ流言蜚語ヲ確メ眞相ヲ聞イテ見度イト云ヒ村田ト共ニ幸樂ニ參ツテ安藤大尉ニ會見ヲ求メテ見ルコトニ致シマシタ夫レカラ二人テ幸樂ノ方ヘ歩イテ參ツタトコロ尚モ電車通リテ蹶起部隊ノ下士官カ大衆ニ對シ前同樣盛ニ蹶起趣意書ヲ反覆朗讀シテ聞カセテ居リマシタソコテ私共ハ機會ヲ窺ヒ大衆ノ中ヲ拔ケテ蹶起部隊ノ警戒線內ニ入リ哨兵ノ所ヘ參ツテ安藤大尉ニ會見シ度イカラ取次イテ貰ヒ度イト申シタトコロ姓名ヲ

四

訊ネラレタノテ二人共名刺ヲ出シテ哨兵ニ渡シ今流言蜚語カ頻リニ飛ンテ居ルノテ安藤大尉ニ會見シ其ノ眞相ヲ伺ヒ度イカラ是非會ハセテ貰フ樣ニ取計ッテ戴キ度イト賴ンタトコロ哨兵ハ夫レテハ取次イテ見ルカラ此處ニ暫ク待ッテ居テ呉レト云ヒ幸樂ノ門ノ外ノ塀ノ所ニ待タセラレマシタスルト其ノ哨兵ハ幸樂ノ内部ニ入リ間モナク出テ來テ云フニハ只今麻布第三聯隊長カ安藤大尉ト會見中タカラ暫ク此處ニ待ッテ居テ貰ヒ度イトノコトテアリマシタ其ノ際村田ハ私ノ着流シノ儘ノ姿ヲ見タ上君ハ初メテ面會スルノタカラ禮儀上袴ヲ穿イテ來テハ怎ウカト申シタノテ私モ尤モノ事ト思ヒ直クニ生產黨關東本部ニ戾ッテ袴ヲ穿イタ上元ノ場所ヘ戾ッテ村田ト共ニ二、三十分間待ッテ居リマシタ其ノ内ニ閑院宮邸寄リノ方カラ蹶起部隊ノ下士官ヨリ蹶起趣意書ノ朗讀ヲ聞カサレテ解散シタ群衆中ノ數名ノ者カ警戒線ヲ突破シテ私ト村田ノ待ツテ居ル所ヘ遣ツテ參リマシタカ其ノ數名中ニ生産黨理事關根喜四郎氏カ混ツテ居リ私共二人ニ對シ君等ハ怎ウシテコンナ所ニ來テ居ルノカト尋ネタノテ安藤大尉ニ面會仕樣ト思フテ待ツテ居ルノタト答ヘタレハ關根モ夫レテハ自分モ會ヒ度イカラ然ルヘク取計ツテ呉レト申シマシタ
ソコテ私カ夫レテハ哨兵ニ名刺ヲ出シテ會見ヲ願ツテ見給ヘト云ヒ關根カ名刺ヲ哨兵ニ出シテ安藤大尉ニ面會シ度イカラ宜敷ク取計ツテ貰ヒ度イト云フテ居リマスト其處ヘ別ノ哨兵カ内部カラ出テ參リ、橋爪サン村田サン一寸此方ヘ來テ下サイ今安藤大尉ハ大變多忙タカラ少々ノ時間ナラハ御會ヒスルト云フテ居ルカラ一緒ニ此方ヘ來テ下サイト申シマシタ其ノ時關根カ私モ此ノ二人ノ同志タカラ大尉ニ面會ノ出來ル樣ニ取計ツテ下サイト申シタトコロ其ノ哨兵ハ夫レテハ一緒ニ此方ヘ來テ下サイト云ヒマシタ夫レテ私、村田、關根ノ三人ハ其ノ哨兵ニ尾イテ幸樂ノ表門カラ内部ニ入リ安藤大尉ニ會見シタノテアリマス其ノ時刻ハ午後七時半頃ノ事テアリマシタ

私カ安藤大尉ニ會見スルニ至ツタ動機及目的ハ以上申上ケタ事實ニ依テ自ラ明カテアルト思ヒマス尚其ノ目的ノ點ニ付テハ深イ根據カアツテノコトテハナク只安藤大尉ニ會見ヲ申込ミ會ヘナケレハ夫レ迄テアルカ會ヘタナラ會ツテ流言蜚語ヲ確メ事件ノ眞相ヲ聞イテ見

ヤウト云フノカ目的ト云ヘハ目的テアツタノテアリマス

二　問　被告人ハ初メ哨兵ヲ通シテ安藤大尉ニ會見ヲ申込ンタ際大日本生産黨員タル事ヲ告ケハシナカツタカ

答　其ノ事ハ告ケマシタ最初私ト村田カ哨兵ニ名刺ヲ出シテ安藤大尉ニ會見ヲ申込ンタ際吾々ハ大日本生産黨員テ愛國運動ヲシテ居ル者テアルカ今事件ニ付テ流言蜚語カ頻リニ飛ンテ居ルノテ安藤大尉ニ會見シ其ノ眞相ヲ伺ヒ度イカラ是非會フコトノ出來ル樣ニ取計ツテ戴キ度イト賴ンタノテアリマス

尚私ノ出シタ名刺ニハ中央ニ橋爪宗治ト云フ氏名ヲ印刷シ其ノ左側ニ住所トシテ麴町區永田町二ノ八六大日本生産黨本部ト印刷シテアリ村田ノ出シタ名刺ニハ大

日本生産黨ナル表示ハナク只同人ノ氏名ト住所トカ印刷シテアツタノミテアリマス又最後ニ關根ノ出シタ名刺ニモ大日本生産黨ナル表示ハナク只其ノ氏名住所カ印刷シテアツタノミテアリマス

三問　被告人及村田、關根等ハ豫テ安藤大尉ト面識カアツタノカ

答　吾々三人ハ其ノ時初メテ安藤大尉ニ會ツテ面識ヲ得タノテアリマシテ其ノ以前ニ於テハ全ク未知ノ間柄テアリマシタ

四問　被告人等ノ會見前ニ大日本生産黨員中ニハ豫テ安藤大尉ト面識關係又ハ交友關係ノアル者カアリハシナカツタカ

答　吾々ノ會見後ニ聞知シタ事テスカ生産黨員ナル同志町

田專藏氏ハ吾々ノ會見前ニ安藤大尉ト一、二同會ツタ事カアルサウテアリマス

其ノ外ニハ御訊ネノ樣ナ事實ハナカツタ模樣テス

五問　被告人ハ安藤大尉ニ會見ヲ申込ンタ際既ニ蹶起部隊ニ對シ恐レ多クモ奉勅命令カ下ツタトノ事ヲ承知シテ居タカ

答　眞相ハ判リマセヌテシタカ其ノ會見申込ミ前ニ既ニ蹶起部隊ニ對シ原隊ニ復歸スヘキ旨ノ奉勅命令カ下ツタト云フ説ヲ爲ス者モアリ又未タ奉勅命令ハ下ツテ居ラヌト云フ人モアリ説カ區々テアリマシタ

被告人　橋爪宗治

右讀聞ケタル處無相違旨申立署名拇印シタリ

昭和十一年五月二十五日於市谷刑務所作之

大審院特別權限ニ屬スル被告事件豫審掛

東京刑事地方裁判所

裁判所書記　西田秀吉

豫審判事　兩角誠英

右謄本也

昭和十一年六月三日

東京刑事地方裁判所

裁判所書記

第四回訊問調書

被告人　橋爪宗治

右被告人ニ對スル刑法第七十八條ノ罪被告事件ニ付昭和十一年五月二十六日市谷刑務所ニ於テ
大審院特別權限ニ屬スル被告事件豫審掛
豫審判事　兩角誠英
裁判所書記　西田秀吉
列席ノ上豫審判事ハ前回ニ引續キ右被告人ニ對シ訊問ヲ爲スコト左ノ如シ

一問　被告人ハ本年二月二十八日午後七時半頃叛亂軍ノ占據シテ居タ幸樂ニ立入リ其ノ指揮官安藤輝三大尉ト會見シタトノ事ナルカ其ノ際ノ模樣ニ付テ詳細ニ申立テヨ

答　私ハ前回申上ケタ如ク偶然出會ツタ村田等及關根喜四

郎ノ兩氏ト共ニ去ル二月二十八日ノ午後七時半頃蹶起部隊ノ指揮官安藤大尉カラ當時巷間ニ喧傳サレテ居タ流言蜚語ノ眞相ニ付テ確メテ見ル積リテ麹町區永田町ノ料亭幸樂ニ哨兵ニ案內サレテ入ツテ行ツタノテアリマスカ其ノ際門內ノ表玄關前庭先ニハ數十人ノ着劍兵カ屯シ稍酒氣ヲ帶ヒテ何カノ空罐ヲ叩キ乍ラ盛ニ軍歌ヲ歌ツテ氣勢ヲ揚ケテ居リ其ノ傍ラニハ尊皇討奸又ハ尊皇義軍ト云フ紅白ノ長旒旗カ三、四本立テヽアリ私共ハ其ノ間ヲ通リ拔ケテ玄關ニ上リ直ク右側ノ八疊間位ノ洋式應接間ニ通サレテ其ノ部屋テ安藤大尉ニ會見シタノテアリマス其ノ時一少尉カ大尉ニ對シ食料カ何カノ事ニ付テ報告シテ居リマシタカ間モナク辭去シ次イテ案內シタ哨兵カ大尉ニ對シ只今面會ノ方ヲ連レテ來マシタト云ヒ置イテ其處カラ出テ行キマシタソコテ私共三人ハ安藤大尉ニ對シ夫々氏名ヲ名乘ツテ挨拶ヲ爲シ其ノ室内ノ圓卓子ノ周圍ニ腰ヲ掛ケマシタ其ノ位置ハ圓卓子ノ向ヒ側ニ安藤大尉カ腰ヲ掛ケ其ノ左側ニ私カ座ヲ占メ大尉ノ右側ニ村田カ腰ヲ掛ケ大尉ノ正面ニ關根カ座ヲ占メタノテアリマス

夫レカラ村田カ先ツ口ヲ切ツテ日ク斯様ナ際テスカラ雜談ハ拔キニシテ直クニ來意ヲ申述ヘマスカ今回ノ事件勃發以來市内ニ流言蜚語カ頻リニ飛ンテ居リ眞相カ判明セス其ノ内テモ蹶起部隊ヨリ軍首腦部ニ對シ

一、眞崎大將ヲ中心トスル軍政府ノ樹立

二、統制經濟ノ確立

三、金融ノ奉還

ト云フ三條件ト

イ、五、一五事件ノ被告卽時釋放

ロ、永田事件ニ關スル被告相澤中佐ノ卽時釋放

ト云フ附帶條件トヲ提出シテ其ノ要求ヲ爲シタトノ事カ流布サレテ居リマスカ夫レハ本當テアリマスカト尋ネタトコロ大尉ハ夫レニ答ヘテ曰ク吾々トシテハ左様ナ要求ヲ爲シタ事ハ絕對ニアリマセヌ只昨日午後眞崎阿部、西三大將カ首相官邸ニ參ツテ蹶起部隊ノ首腦部ト會見シタ事カアリ其ノ際蹶起部隊ヨリ最モ信頼スヘキ眞崎將軍ニ對シ事件ノ收拾方ヲ御願ヒシ一切ノ處置ヲ御委セシタトコロ同將軍ハ自分ハ一軍事參議官ニ過キヌカラ君達ニ委セラレタコトカ何レ丈果セルカ判ラヌカ兎ニ角全力ヲ擧ケテ事件ノ收拾ニ骨折ツテ見ルト

言明サレタサウテアル其ノ時自分ハ部隊指揮ノ關係上其ノ場ニ臨席シテ居ナカツタ爲詳細ノ事ハ判ラヌカ右ノ樣ナ談話ノ交換カアツタ事ハ事實テアルカラ其ノ事カ誤リ傳ヘラレテ蹶起部隊ヨリ軍首腦部ニ對シ三要求並ニ附帶要求ヲ爲シタト云フ樣ナ流言蜚語カ飛フニ至ツタノテハナカラウカト思ハレマス吾々ノ今同ノ擧ハ全ク止ムニ止マレヌモノカアツテ敢然蹶起シタ次第テアルカ　陛下ノ御宸襟ヲ惱マシ奉ツタ事ハ萬死ニ値スルト思ヒマス夫レ故吾々首腦部トシテハ全責任ヲ負フコト丶シ下士官以下ノ部下ニ對シテハ原隊ニ復歸セヨト諭シテ居ル譯テアルカ部下ノ者ハ吾々ト行動ヲ共ニスルト云フテ肯キ容レヌ狀態テアル時ニ之ヲ御覽下サイト云フテ大尉ハ悲痛ノ面持チヲシ乍ラ軍服ノ上着內

三

隱シカラ半紙一枚ニ中隊長殿ト死ヲ共ニシ度イト云フ趣旨ヲ記載シタ下士官十數名連名ノ血書ヲ私共三名ノ面前ニ取出シテ見セマシタ尙大尉ハ語ヲ繼イテ曰ク上官丈カ責任ヲ負ヒ部下ハ原隊ニ歸セト云フ樣ナ出所不明ノ命令ヤ勸告抔カ盛ニ來テ居ルカ左樣ナ出所不明ノモノニ付テハ一切耳ヲ傾ケヌコトニシテ居ル吾々ハ只命令系統ノ正シイモノヽミヲ受入レル外ナク又吾々同志間ノ心ヲ信シ合フヨリ外ニ途ハナイト云フ悲境ニ陥ツテ居リマス尙去ル二十六日事件勃發直後ニ假令吾々ニ組セヌマテモマサカ反對ノ態度ニハ出ナイタラウト豫期サレタ參謀本部ノ幕僚達カ吾々ノ行動ニ反對シタノテ吾々ハ今日ノ如ク窮地ニ陷ツテ居リ彼等幕僚達ヲ誅滅シナケレハナラヌト思ツタ時ニハ如何セン吾々

ハ既ニ彼等ノ爲ニ外濠ヲ埋メラレ内濠迄モ埋メラレテ居ルト云フ狀態テ實ニ殘念テアルト悲憤シテ申シマシタ

ソコテ私カ口ヲ切ツテ曰ク更ニ御尋ネシ度イ事カアリマスカ今市內ノ或方面ニハ恐レ多クモ奉勅命令カ下ツタト云フテ居ル人モアリ未タ下ラヌト云フテ居ル人モアル樣テアルカ左樣ナ命令ノ下ツタト云フ事ハ事實テ御座イマシヤウカト尋ネタトコロ安藤大尉ハ未タ吾々ノ所ヘハ奉勅命令抔ハ來テ居リマセヌト答ヘマシタ

其ノ時哨兵カ一枚ノ名刺ヲ持ツテ參リ大尉殿今此ノ名刺ノ方外三、四名ノ町ノ代表者カ訪ネテ參リ永田町ノ一方テハ市街戰カ始マルト云フ流言カ飛ヒ居住者カ立退キヲ始メテ居ルカ一體市街戰カ行ハレルカ怎ウカ實

四

任者ニ會ツテ伺ツテ見度イト云フテ玄關ノ所ニ待ツテ居ルカ怎ウシマシヤウカト指揮ヲ仰キマシタスルト大尉ハ其ノ哨兵ニ命シテ或下士官ヲ呼ンテ來サセ其ノ下士官ニ對シ今四、五人ノ町ノ代表者カ來テ市街戰カ始マルカ怎ウカヲ聞キ度イト云フテ居ルサウタカ吾々ノ部隊トシテハ斷シテ此方カラ先ンシテ發砲スル樣ナコトハシナイ故其ノ旨ヲ町ノ代表者ニ告ケテ呉レ若シ市街戰カ始マルトスレハ夫レハ戒嚴部隊ノ責任タカラ戒嚴司令部ノ方ヘ行ツテ聞ク樣ニト話シテ遣ツテ呉レト云ヒマスト下士官ハ其ノ命ヲ受ケテ出テ行キ町ノ代表者ニ其ノ通リ告ケテ彼等ヲ歸ラセタ樣テアリマシタ

其ノ後テ村田カ倘大尉ニ對シ今回ノ事件ニ付民間側カラ北一輝、西田稅等カ關係シテ居ルト云フ噂カアリマ

スカ夫レハ事實テシヤウカト尋ネタトコロ大尉ハ言下ニ此ノ事件ニハ民間側ノ者ハ一切關係シテ居リマセヌ今同ノ事ハ吾々在京青年將校並ニ一部ノ部隊ノミテ決行シタ事テアリ他ニハ全ク關係者ハアリマセヌト申シマシタ

安藤大尉ト吾々トノ談話ノ交換ハ其ノ程度テ終リヲ告ケマシタ其ノ際關根ニ於テハ一言モ發言致シマセヌテシタ

ソコテ吾々ハ大尉ニ對シ多忙中時間ヲ割イテ色々話シテ下サツタ事ニ對シ謝辭ヲ述ヘ立上ツテ歸リ掛ケタノテアリマスソシテ吾々カ應接間カラ出テ玄關ノ所迄參リマスト大尉モ後カラ吾々ヲ送ツテ參リ皆サン一寸待ツテ下サイト云ヒ更ニ玄關先ノ庭前ニ軍歌ヲ歌ツテ居

ル數十名ノ兵士ヲ指差シ乍ラ此ノ兵達ハ自分ノ中隊ノ者テアルカラ簡單ニ一ツ挨拶ヲシテ歸ツテ下サイト申シマシタ

其ノ時私ハ大尉カラ豫期セサルコトヲ云ハレタ爲ハツト胸ニ響キ迷惑ノ話タトハ思ヒマシタカ大尉ハ軍服ノ上ニ白襷ヲ掛ケ兩肩カラ交叉スル樣ニ拳銃二挺ヲ掛ケ柄ニ晒木綿ヲ巻イタ大キナ軍刀ヲ提ゲテ何トモ云ハレヌ嚴メシイ軍裝デ背後ニ控ヘ前面ニハ數十名ノ兵士カ酒氣ヲ帯ヒ乍ラ銃劍林立ノ中ニ軍歌ヲ高唱シツヽ全ク興奮ノ坩堝ノ中ニアルト云フ有樣テシタカラ若シ大尉ノ求メヲ容レスシテ何モ挨拶セスニ歸ツタナラハ何ンナ事態カ惹起サレルカモ知レヌト直感シ私ハ其ノ時暫クノ間村田及關根ト共ニ無言ノ儘其ノ場ニ直立シテ居

リマシタカ瞬間的ニ平素考ヘテ居タ尊皇絶對ノ精神ト云フ事カ脳裡ニ去來シタノテ他ノ二人ニハ相談モセスニ玄關先ニ突立ツテ兵士等ニ對シ自己紹介ヲ爲シタ上簡單ノ挨拶ヲ致シマシタ其ノ際私カ先ツ自己紹介トシテ自分ハ大日本生産黨ノ橋爪宗治ト云フ者テアリマストト申シタトコロ軍歌ヲ歌ツテ居タ兵士等ハ軍歌ヲ止メテ私ノ挨拶ヲ聞キ始メマシタ（實ハ後ニ村田カラ聞イタトコロニ依ルト其ノ時下士官カ軍歌止メト號令ヲ掛ケタノテ兵士等カ軍歌ヲ歌フノヲ止メタノタサウテス）ソコテ私ハ挨拶トシテ今回計ラスモ安藤大尉ト會見シ市內ニ喧傳サレテ居ル幾多ノ流言蜚語ノ眞相ヲハツキリ聞ク事カ出來マシタ然シ乍ラ二十六日未明ニ突如トシテ起ツタ事件以來今日迄三日間未タニ事態ノ收拾ヲ

見ナイ事ハ輦轂ノ下ニ於テ恐レ多クモ上　陛下ノ御宸
襟ヲ惱マシ奉リ下五百萬市民ニ大ナル不安ノ念ヲ與ヘ
ル所以テアツテ洵ニ遺憾ノ極テアルト云ハネハナリマ
セヌ希クハ兵士諸君吾々白面ノ青年ト雖　陛下ノ赤子
テアリ諸君モ　陛下ノ赤子テアリ軍隊テアル以上尊皇
護國ノ精神ニ於テハ何等異ル所ハナイト信スルノテア
リマスサレハ此ノ際寸刻モ早ク本事件ノ終末ヲ告ケテ
恐レ多クモ上　陛下ノ御叡慮ヲ安シ奉リ下國民ノ不安
ヲ一掃セラレンコトヲ私ハ衷心ヨリ御願ヒスル次第テ
アリマス以上簡單テハアリマスカ今晩ノ私ノ御挨拶ニ
代ヘル次第テアリマスト申述ヘタノテアリマス私ノ挨
拶カ濟ムト次ニ關根、村田ト云フ順序ニ私ノ挨拶ト同
シ様ナ意味ノ挨拶ヲ爲シマシタ

ソシテ吾々三人ハ倉惶トシテ幸樂ノ陣中カラ拔出テ直クニ生産黨關東本部ニ引揚ケタノテアリマス其ノ時刻ハ午後八時二十分頃テアリマシタ夫レテ安藤大尉ト會見シタ所要時間ハ正味約三十分間位ノモノテアリマシタ安藤大尉トノ會見顛末ハ以上テ盡キテ居リマス

二問　被告人等ハ生産黨關東本部ニ引揚ケテカラ其ノ晩ハ怎ウシタカ

答　私ハ本部ニ引揚ケテカラ其ノ晩ハ其ノ儘外出モセスニ本部ニ居リマシタ

關根ハ千代田通信社員ナル關係上卽刻銀座四丁目ノ同通信社ノ方ヘ出向イテ行キマシタ

村田ハ直クニ麻布谷町ノ自宅ニ歸ルト云フテ本部カラ出テ行キマシタ

被告人　橋爪宗治

右讀聞ケタル處無相違旨申立署名拇印シタリ

昭和十一年五月二十六日於市谷刑務所作之

大審院特別權限ニ屬スル被告事件豫審掛

東京刑事地方裁判所

裁判所書記　西田秀吉

豫審判事　兩角誠英

右謄本也

昭和十一年六月四日

東京刑事地方裁判所

裁判所書記

訊問調書

被告人　伊藤友太郎

右被告人ニ對スル刑法第七十八條ノ罪被告事件ニ付昭和十一年五月二十八日青森地方裁判所ニ於テ
大審院特別權限ニ屬スル被告事件豫審掛
豫審判事　兩角誠英
裁判所書記　西田秀吉
列席ノ上豫審判事ハ被告人ニ對シ訊問ヲ爲スコト左ノ如シ
一問　氏名、年齡、職業、住居、本籍及出生地ハ如何
答　氏名ハ伊藤友太郎
年齡ハ當四十四年
職業ハ無職
住居ハ青森縣青森市大字柳町四十番地

本籍ハ　前同所
出生地ハ　前同所

二問　今回檢事總長ハ被告人等ニ對シ斯樣ナ事實ニ付刑法第七十八條ノ罪被告事件トシテ大審院ニ豫審ヲ請求シタルカ之ニ付被告人ヨリ陳述スル事カアルカ

此ノ時豫審判事ハ被告人ニ對シ檢事總長ノ起訴ニ係ル豫審請求書記載ノ公訴事實ヲ讀聞ケタリ

答　吾々ハ眞ノ政府顚覆ヲ企テタモノテハナクテ所謂政黨幕府タル欺瞞的政府ノ顚覆ヲ企テタモノテアリ又朝憲紊亂ヲ企テタモノテハナクテ寧ロ朝憲擁護ノ爲ニ一死報國ノ精神ヲ以テ　陛下ノ爲ニ蹶起セントシタモノテアリマス

而シテ[illegible]テノ行動ハ精神カラ發露スルモノナルカ故ニ

只今御讀聞ケノ公訴事實ニ付右ノ如ク其ノ根本精神ニ於テ之ヲ是認シ難キ以上他ノ吾々ノ行動等ニ付テハ何トモ申上ケ兼ネルノテアリマス

尙貴官カ　天皇意識皇道精神ニ充實スル迄ハ遺憾ナカラ之以上貴官ノ御取調ニハ應シ兼ネルノテアリマス

三問　夫レテハ現在トシテハ當職カ　天皇意識皇道精神ニ充實シテ居ラヌカ故ニ當職ノ訊問ニハ之以上應セヌト云フノカ

答　左樣テアリマス

實ハ貴官ニ對シ個人的ニ斯樣ナ事ヲ申上ケルノハ氣ノ毒ト思ヒマスカ大所高所ヨリ見ル時ハ貴官ハ政黨幕府ノ支配下ニアル裁判官ナルカ故ニ　天皇意識皇道精神ニ充實シテ居ラヌト認メサルヲ得ナイノテアリマス

従ツテ現在トシテハ貴官ノ御取調ニハ之以上應シ兼ネルノテアリマス

被告人　伊藤友太郎

右讀聞ケタル處無相違旨申立署名捺印シタリ

昭和十一年五月二十八日於靑森地方裁判所作之

大審院特別權限ニ屬スル被告事件豫審掛

東京刑事地方裁判所

裁判所書記　西田秀吉

豫審判事　兩角誠英

右謄本也

昭和十一年六月八日

東京刑事地方裁判所

裁判所書記

第五回訊問調書

被告人　橋爪宗治

右被告人ニ對スル刑法第七十八條ノ罪被告事件ニ付昭和十一年
六月一日市谷刑務所ニ於テ
大審院特別權限ニ屬スル被告事件豫審掛
豫審判事　兩角誠英
裁判所書記　西田秀吉
列席ノ上豫審判事ハ前回ニ引續キ右被告人ニ對シ訊問ヲ爲スコ
ト左ノ如シ
一問　被告人ハ本年二月二十八日ノ晩幸樂ニ到リ蹶起部隊ノ
指揮官安藤輝三大尉ニ會見ヲ申込ム前ニ所謂二、二六
事件ニ付テ如何ナル態度ヲ執ルヘキカニ付神兵隊ノ關
係者其ノ他ノ同志ト意見ノ交換ヲ爲シタ事ハナカツタ

カ

答　左様ナ事ハ全然アリマセヌテシタ

二問　神奈川縣特別高等課長ノ報告書ニ依レハ本年二月二十七日午後黑龍會自由倶樂部ニ於テ二、二六事件收拾ニ關スル協議カ行ハレ葛生能久外二十名程ノ者カ參集シ生産黨員モ其ノ場ニ列席シタトノ事ナルカ被告人モ其ノ際列席シテ協議ニ加ハツタノテハナカツタカ

答　私ハ左様ナ協議ニハ加ハツテ居リマセヌ

私ハ其ノ當時黑龍會自由倶樂部ニ接近シタ大日本生産黨關東本部ニ常住シテ居タ關係上右自由倶樂部ニ於テ葛生能久先生外數名ノ黑龍會員及同會ノ事務員等十二三名カ二、二六事件ノ情報ヲ蒐集スル爲參集談合シタトノ事ヲ聞知致シマシタカ私自身トシテハ其ノ場ニ臨

ンタノテハアリマセヌ尙其ノ場ニ於テハ前述ノ如ク二、二六事件ノ情報ニ付テ談合シタノミテ其ノ事件收拾ニ關スル協議ヲ爲シタノテハナカツタ樣ニ聞キ及ンテ居リマス

三問　被告人等ハ其ノ當時蹶起部隊ヨリ軍首腦部ニ提出シタリト云フ例ノ三要求及其ノ附帶要求其ノ他ノ巷説ニ付之カ眞相ヲ確メテ見ル積リテ安藤大尉ニ會見ヲ申込ンタトノ事ナルカ一體夫レハ何ノ必要カアツテノ事カ

答　夫レハ別ニ必要テアルトカ何トカ考ヘテ會見ヲ申込ンタノテハアリマセヌ

既ニ申上ケタ通リ其ノ當時二、二六事件ニ付テ蹶起部隊カラ軍首腦部ニ對シ御訊ネノ如キ要求ヲ爲シタトカ何トカ云フ樣ナ種々雜多ノ所謂流言蜚語的「デマ」カ

二

頻リニ流布サレテ居タノテ吾々ハ蹶起部隊ノ指揮官安藤大尉ニ會見ヲ申込ミ會見カ出來ナケレハ夫レ迄ノ事テアルカ若シ會見カ出來タラ左樣ナ「デマ」ノ眞相ヲ確メテ見度イト云フ氣持カラ會見ヲ申込ンタニ過キマセヌ云ヒ換ヘレハ一ツノ好奇心カラ會見ヲ申込ンタノテアツテ夫レ以上ニ深イ目的モ必要モナカツタノテアリマス從ツテ安藤大尉カ吾々ノ問ニ對シ如何樣ナ答ヲ爲サウトモ其ノ結果ニ付テ怎ウシヤウト抔ハ全ク豫期シテ居リマセヌテシタ

四問　被告人等カ其ノ會見ノ申込ヲ爲シタノハ蹶起部隊ニ參加シテ其ノ行動ニ加擔スルカ又ハ之ヲ幇助スル意圖カアツテノ事テハナイカ

答　決シテ左樣ナ譯テハアリマセヌ既ニ縷述シタ如ク吾々

ハ其ノ當時流布サレテ居タ「デマ」ノ眞相ヲ確メテ見度イト云フ一片ノ偶發的ナ氣持カラ申込ンタト云フ以外ニハ何等ノ意圖モナカツタノテアリマス
尙會見申込直前ニ私カ袴モ穿カスニ着流シノ儘幸樂ノ方ヘ模樣ヲ見ニ行ツテノ歸途偶然村田等ニ出會ツタレハ幸樂ニ安藤大尉カ居リ行ケハ誰テモ會ヘルラシイカラ行ツテ會ツテ見ヤウテハナイカト云フ話テシタカラ私モ夫レナラ會ツテ流言蜚語ノ眞相ヲ確メテ見ヤウト云ヒ遂ニ會見ヲ申込ム段取ニ進ンタノテアリマスカラ其ノ經過カラ見テモ單ニ偶發的ノ好奇心的氣持カラ會見ヲ申込ムニ至ツタモノテアルト云フ事カ自ラ判明スルト思ヒマス

五問　然シ安藤大尉ハ其ノ當時誰ニテモ會見スルト云フ程開

放的態度ヲ執ツタノテハナク只特殊關係者ノミニ會見シタノテハナカツタカ

答 夫レハ御訊ネ通リテアツタ樣テス安藤大尉ハ誰ニテモ區別ナシニ會見シタト云フ譯テハナク軍部關係者トカ町ノ代表者トカ愛國運動關係者トカ云フ樣ナ方面ノ人々ニ特ニ會見シテ居タ模樣テアリマス然シ夫レカ相當ニ廣範圍ニ亘ツテ居タ爲村田カ私ニ安藤大尉ニハ誰テモ會ヘルラシイト話シテ聞カセタモノト思ハレマス

六問 被告人等ハ右二月二十八日ノ晩安藤大尉トノ會見直後ニ幸樂ノ玄關先テ蹶起部隊ノ兵士等ニ挨拶ヲ爲シタサウテアルカ其ノ際兵士等ニ對シ激勵的ノ言辭ヲ弄シハシナカツタカ

答 其ノ際吾々ハ決シテ激勵的ノ事抔ハ一言モ申シテ居リ

マセヌ

寧ロ吾々ハ其ノ際兵士等ニ對シ當リ觸リノナイ樣ニ事態ノ收拾ヲ望ム趣旨ノ挨拶ヲ爲シタノテアリマス其ノ內容ハ前回申上ケテ置イタ通リテアリマス尤モ私ハ其ノ際挨拶中ニ於テ「輦轂ノ下ニ於テ皇軍相擊ツト云フカ如キ事アルナラハ榮アル皇軍ノ上ニ大ナル汚點ヲ印スルモノテアリ又大不祥事テアツテ畏レ多クモ上陛下ノ御宸襟ヲ惱マシ奉リ下五百萬市民ニ大ナル不安ノ念ヲ與ヘル所以テアツテ洵ニ遺憾ノ極テアル」ト云フ趣旨ノ事ヲモ述ヘマシタカラ此ノ機會ニ其ノ點ヲ補充シテ置キマス

七問　被告人ハ其ノ當時安藤大尉ニ會見シ且兵士等ニ挨拶ヲシタ事實ヲ他ノ同志等ニ打明ケタカ怎ウカ

四

答　其ノ事ハ其ノ當時他ノ同志ノ者ニハ何モ話サスニ其ノ儘日時ヲ經過致シマシタ
然ルニ本年三月十九日頃ニ至リ私ト一緒ニ安藤大尉ト會見シタ鬮根喜四郎カ神奈川縣警察部特高課ニ檢擧サレタト云フ事カ判ツタノテ私ハ同月下旬頃神兵隊同志ノ鈴木善一氏及生産黨關係者等ニ對シ初メテ自分ト鬮根及村田トノ三名カ安藤大尉ニ會見シタ顛末ヲ話シ鬮根カ檢擧サレタノハ其ノ會見ノ事ニ關係シテ居ルタラウト申シタ樣ナ次第テアリマス

八問　被告人ハ何故安藤大尉トノ會見事實等ヲ其ノ會見後相當長イ間秘シテ他ノ同志ニ打明ケナカツタノカ

答　實ハ安藤大尉ト會見シテ生産黨關東本部ニ引揚ケタ後ニ蹶起部隊カ愈叛亂軍ト云フ汚名ヲ受ケルニ至ツタト

云フ事ヲ承知シタノテ神兵隊事件ノ被告人トシテ謹愼中ノ身テアリ且吉田生産黨委員長カラ今同ノ事件ニ對シテハ自重靜觀セラレ度シト云フ指令ヲ受ケテ居タ折柄叛亂軍ノ指揮官ニ會見シタト云フ事ハ誠ニ遺憾ノ事テアルト自覺シ斯ル事實ヲハ廣言スヘキモノテナイト考ヘタ爲前述ノ如ク瞞根カ檢擧サレル迄ハ何人ニモ會見事實ヲ告ケスニ經過シタノテアリマス今ニシテ考ヘルト安藤大尉トノ會見ハ誠ニ不謹愼ノ事テアリマシタ

九問　安藤大尉ト會見シタ日ノ翌日卽チ本年二月二十九日以後ノ被告人ノ行動ハ如何

答　其ノ日愈蹶起部隊ハ叛亂軍トシテ取扱ハレ戒嚴司令官カラ討伐命令カ下リ危險區域ノ住民ニ對シ午前七時頃

立退命令カ來タノテ私共ハ生産黨關東本部ヲ立退イテ赤坂區氷川小學校ニ參リ叛亂軍ノ鎭壓サレルノヲ待ッテ居リマシタスルト同日午後四時半頃ニ至リラヂオテ叛亂部隊カ鎭壓シタ為立退者ハ各自ノ居住地ニ戻ッテモ宜イト云フ放送カアッタノテ直クニ私共ハ生産黨關東本部ニ戻ッタノテアリマス

其ノ後引續キ私ハ同所ニ寢泊リシテ居リマシタカ本年三月二十九日ニ至リ神奈川縣警察部特高課員ニ同行ヲ求メラレ横濱ニ連行カレテ檢束サレルニ至リマシタ村田等モ同日中私ト同様同課員ノ為ニ横濱ニ連行カレテ檢束サレタノテアリマス之ヨリ先關根喜四郎ハ横濱ニ於テ同課員ノ為ニ檢擧サレ檢束ヲ受ケテ居リマシタ

斯クテ吾々ハ安藤大尉トノ會見事實ニ付同課員ノ為ニ

取調ヲ受ケマシタカ本年四月四日ニ至リ三人共釋放サレルト共ニ一時横濱ニ禁足ヲ命セラレ私ト村田トハ同市小安町ノ生産黨書記長井上四郎方ニ世話ニ爲ツテ居リ關根ハ自宅ニ戻ツテ控ヘテ居リマシタトコロカ同月十一日ニ至リ吾々三人ハ再ヒ神奈川縣警察部特高課ニ呼出サレテ檢束サレマシタ次イテ憲兵カ出張シテ來テ右特高課員ノ取調ヘタ調書ヲ調査シマシタカ最早檢束ノ必要ナシト認メタ爲カ同月二十七日ニ至リ村田ト關根ハ釋放サレマシタ然シ私丈ハ神兵隊事件ノ被告人テアルト云フ關係カラ尚檢束ヲ繼續サレテ居リ本年五月十一日ニ及ヒ貴官ノ執行停止及實付ノ取消命令ニ依リ當市谷刑務所ニ勾留サレ今日ニ及ンタ次第テアリマス

一〇問　之迄ノ供述中ニ訂正スヘキコト又ハ更ニ補充スヘキコ

トカアルナラハ申立テヨ
答　別ニアリマセヌ
一一問　神兵隊事件ニ關係シタ事ニ付テノ被告人ノ現在ノ心境ハ如何
答　其ノ心境ハ
革新の志を立てゝ
帝京に上る
身を以て國に殉ず
生また輕し
飜つて恨む同天の
策行はれず
空しく同志と共に
獄裡の虜となる

六

ト云フ詩句ト

一、君か爲め國を思ひて爲せし事

囚れの身のいかて悔ゆらむ

二、囚れの身とはなりけむ心には

國の礎なほ守るらん

ト云フ和歌ニ盡キテ居リマス

此ノ時本件嫌疑ノ原由ヲ告ケタル上

一二問　辯解ハナイカ

答　別ニアリマセヌ

被告人　橋爪宗治

右讀聞ケタル處無相違旨申立署名拇印シタリ

昭和十一年六月一日於市谷刑務所作之

大審院特別權限ニ屬スル被告事件豫審掛

東京刑事地方裁判所

裁判所書記　西田秀吉

豫審判事　兩角誠英

右謄本也

昭和十一年六月四日

東京刑事地方裁判所

裁判所書記

第二回訊問調書

被告人　輪田留次郎

右被告人ニ對スル刑法第七十八條ノ罪被告事件ニ付昭和十一年六月四日東京刑事地方裁判所ニ於テ

大審院特別權限ニ屬スル被告事件豫審掛

豫審判事　大城朝申

裁判所書記　元吉保之輔

列席ノ上豫審判事ハ前回ニ引續キ右被告人ニ對シ訊問ヲ爲スコト左ノ如シ

一問　前回被告カ兩角豫審判事ニ述ヘタ事ハ間違ヒナイカ

答　朝憲紊亂ト云フ事ト我々ノ行動ヲ否定シタ事ノ二點ヲ除イテハ間違ヒアリマセヌ

當時私ハ頭カ散分的ニナツテ居タカラ全部認メマシタ

一

カ茲ニ改メテ訂正致シマス

我々ハ決シテ

天皇

ニ弓ヲ引ク者テハアリマセヌカラ朝憲紊亂テハナク内

亂豫備罪ニナル道理カアリマセヌ

前ノ吉本判事ヤ岡田判事カ内亂豫備ニシタノテアリマ

ス

二問　被告等カ遣ツタ事實ニ間違ヒナイカ

答　我々カ遣ツタ行動ニ付イテハ從來吉本判事ヤ兩角判事

ニ述ヘタ通リニ間違ヒアリマセヌ我々ノ行動自体ニ付

イテハ止ムニ止マレナイカラ遣ツタノテアリマス

私ノ經歴ニツイテ前回兩角判事ニ訂正シテ申上ケタ外

ハ從來吉本判事ヤ兩角判事ニ述ヘタ通リテアリマス

三問　被告ハ前回兩角判事カラ被告カ參加當時ニ於ケル神兵隊蹶起ノ目的ニツイテ如何ニ認識シテ居タカ、昭和維新ノ斷行ハ如何ナル過程ヲ經テ實現ヲ見ルモノト豫期シテ居タカ、何故齋藤內閣ヲ打倒セネハナラヌト考ヘタカ及破壞後ニ成立スヘキコトヲ豫期シタ臨時非常時內閣ノ組織形態等ニツイテ訊ネラレテ答ヘテ居ルカ其時述ヘタ答ハ間違ヒナイカ

答　間違ヒアリマセヌ

四問　然ラハ
天皇
ノ大命ニヨツテ帝國憲法ノ效力ヲ一時停止シタ後現行帝國憲法ニツイテハ如何ニ改廢セラレルモノト考ヘタカ

答　我々ハ行動隊ノ者テアリ如何ナル點ニツイテ憲法カ改廢セラレルカ其事ニツイテハ建設方面ノ人テナケレハ詳シイ事ハ判リマセヌ

五問　被告ハ大体怎ノ點カ改正セラレルモノト豫想シテ居タカ

答　夫レハ後程申上ケル事ニ致シマス　今日ハ此レ以上申シマセヌ

六問　早ク調ヘヲ受ケタ方カ良イテハナイカ

答　我々ハ決シテ調ヲ遲延サセルモノテモナク一日モ早ク皇道ニ徹シタ方カ出テ調ラレン事ヲ希望シテ居ルノテアリマスカ私ハ今日初メテ貴方ニオ調ヘヲ受ケ貴方カ皇道ニ徹シテ居ルカ怎ウカ判ラナイカラ失禮乍ラ未タ信用カ出來マセヌカラ夫レカ判ル迄陳述ヲ猶豫シテ頂

キ度イノテアリマス
七問　事件ノ本体ニツイテハ此レ以上云フ事ハナイカ
答　前ニ申上ケタ二點ノ外ハ申上ケル事ハアリマセヌ
眞ニ貴方カ皇道精神ニ徹シタナラハ換言スレハ我々カ
天皇
ノ赤子トシテ使命ヲ果サントシテ來タ事ヲ認メタ場合
ニハ我々ハ齋戒沐浴シテ調ヲ受ケマスカ今日テハ此レ
以上申上ケマセヌ
八問　被告ノ氏名、年齢、職業、住居、本籍地、出生地ハ前
同述ヘタ通リカ
答　年齢ハ當二十六歳ニナリマシタ
職業ハ元料理人テアリマス
住居ハ目下東京市日本橋區濱町二丁目三十一番地鈴木

替一方ニナッテ居リマス其他ハ前回述ヘタ通リ相違ア
リマセヌ
豫審判事ハ本件嫌疑ノ原由ヲ告ケタル上
九問　他ニ申述ヘル事ハナイカ
答　アリマセヌ
貴方カ皇道精神ニ徹シタカ否カハ口丈ケテハ判リマセ
ヌカラ最後ニ書面ニ書イテ頂キ皇道精神ニ徹シタ事カ
私ニ十分判レハ其時又オ調ヲ受ケマスカ今日ハ此レ以
上申上ケマセヌ此ノ儘繰返ヘシテハ何遍繰返ヘシテモ
同シ事テスカラ書面ニ書イテ頂キ夫レカ良ク判ツタ時
テナケレハ申上ケマセヌ決シテ貴方ヲ忌避シテ居ル譯
テハアリマセヌ其點御了解ヲ願ヒマス

被告人　輪田留次郎

右讀聞ケタル處無相違旨申立署名拇印シタリ

昭和十一年六月四日於東京刑事地方裁判所作之

大審院特別權限ニ屬スル被告事件豫審掛

東京刑事地方裁判所

裁判所書記　元吉保之輔

豫審判事　大城朝申

右謄本也

昭和十一年六月九日

東京刑事地方裁判所

裁判所書記

四

第二回訊問調書

被告人　田中雅

右被告人ニ對スル刑法第七十八條ノ罪被告事件ニ付昭和十一年六月五日東京刑事地方裁判所ニ於テ

大審院特別權限ニ屬スル被告事件豫審掛

豫審判事　大城朝申

裁判所書記　元吉保之輔

列席ノ上豫審判事ハ前回ニ引續キ右被告人ニ對シ訊問ヲ爲スコト左ノ如シ

一問　氏名、年齡、職業、住居、本籍地、出生地ハ前回述ヘタ通リ間違ヒナイカ

答　年齡ハ當二十六歳

職業ハ料理人

住居ハ東京府北多摩郡砧村字奈根四百番地營養と育兒の會砧村工場ト變ツテ居ル外其他ハ前回述ヘタ通リ相違アリマセヌ

二問　前回被告カ兩角豫審判事ニ對シ陳述シタ事ハ間違ヒナイカ

答　兩角豫審判事ニ述ヘタ事ハ取消サセテ頂キマス所謂神兵隊事件ニ付最ニ吉本豫審判事ニ申シタ事モ當時私ハ法律ニ暗カツタノテ色々ノ言葉ニ迷ハサレテ述ヘタノテアリマスカラ之レヲ否定致シマス

我々ノ遣ツタ行動事實其ノモノハ否定シマセヌカ吉本豫審判事ヨリ歪曲セラレテ調ヘラレタノテアリマスカラ全部之レヲ取消シ今一度調ヘ直シテ貰ヒ度イト思ヒマス吉本豫審判事ノ調ヘタ内容ト經路ヲ調ヘテ貰ヘハ

夫レカ判リマス

三問　吉本豫審判事ノ決定シタ豫審終結決定書記載ノ事實及檢事總長ノ起訴ニ係ル豫審請求書記載ノ公訴事實ハ如何

答　吉本豫審判事ノ決定シタ豫審終結決定書及檢事總長ノ起訴ニ係ル豫審請求書記載ノ事實ニハ異議カアリマス之レ等ノ人々ハ皇道精神ニ徹シテ居ラス其中ニ朝憲紊亂トカ暴動トカ云フ言葉ヲ使ツテ居ルカラ事實ハ歪曲セラレテ調ヘラレテ居ルノテアリマス全部取消サセテ貰ヒマス

四問　吉本豫審判事ノ取調ニ歪曲セラレタ點カアルトスレハ怎ノ點カ歪曲セラレテ居ルカ今被告人ニ對スル同豫審判事ノ訊問調書ヲ讀聞ケ樣ト思フカ如何

答　従前ノ豫審判事ハ皇道ニ徹シテ居ラヌカラ眞ノ　天皇陛下ノ裁判官ナリト認メマセヌ貴方トハ初對面テアリ皇道精神ニ徹シタ方テアルカ怎ウカ判リマセヌカラオ答ヘ申上兼ネマス今日ハ此ノ事件ニ付テハ此レ以上答ヘマセヌ

五問　被告ハ被告等ノ計畫カ成功ノ曉ハ現行帝國憲法ハ如何ニ改廢セラレルト思ツテ居タカ

答　今日ハ其ノ事ニツイテハオ答ヘシマセヌ

豫審判事ハ本件嫌疑ノ理由ヲ告ケタル上

六問　他ニ辯解ハナイカ

答　曩ニ申上ケタ如ク前ノ豫審終結決定モ檢事總長ノ豫審請求書ニモ我々ノ行動ヲ朝憲紊亂ト認ムト書イテアルコトヲ否定シマス外ニ申ス事ハアリマセヌ

被告人　田中　雅

右讀聞ケタル處無相違旨申立署名捺印シタリ

昭和十一年六月五日於東京刑事地方裁判所作之

大審院特別權限ニ屬スル被告事件豫審掛

東京刑事地方裁判所

裁判所書記　元吉保之輔

豫審判事　大城朝申

右謄本也

昭和十一年六月九日

東京刑事地方裁判所

裁判所書記

第二回訊問調書

被告人　中村武

右被告人ニ對スル刑法第七十八條ノ罪被告事件ニ付昭和十一年六月五日東京刑事地方裁判所ニ於テ

大審院特別權限ニ屬スル被告事件豫審掛

豫審判事　藤山富一

裁判所書記　山本茂

列席ノ上豫審判事ハ前回ニ引續キ右被告人ニ對シ訊問ヲ爲スコト左ノ如シ

一問　前回兩角豫審判事ノ訊問ニ對シテ供述シタ事ニ變リハナイカ

答　其ノ訊問ニ御答ヘスル前ニ私ノ現在ノ決意ヲ一言致シマス

從來
吉本豫審判事
岡田豫審判事
及
兩角豫審判事
ニ對シテ此ノ所謂神兵隊事件ノ內容ヲ私カラ說明致シテ居リマスガ其ノ從來ノ陳述ハ此ノ際全部取消シマス

二　問　其ノ理由ハ

答　要スルニ現在ノ裁判官ハ吾々ノ主義信念ニ理解ノナイ
卽チ
皇道精神ニ徹シテ居ナイ尙是ヲ換言スレバ
天皇陛下ノ
大御心ニ副フテ居ナイ裁判官ナリト認メルカ故ニ此ノ

如キ裁判官ノ審理ヲ是認スル事ハ出來ナイト云フノテス

三問 夫レテハ當職ノ訊問ニ對シテモ應答スル事ハ出來ナイカ

答 吾々ノ主義信念卽チ皇道精神ニ目覺メタル裁判官カ取調ニ當タラレルナラバ喜ンテ其ノ訊問ニ應シマス

然シ乍ラ貴官カ從前ノ取調官同樣ノ思想立場ニ在ツテ訊問セラルル限リニ於テハ今後ト雖モ其ノ訊問ニ應答スル事ヲ拒絶シマス

卽チ是ヲ換言スレバ此ノ昭和皇道維新ヲ目的トシタル所謂神兵隊事件ヲ内亂罪或ハ朝憲紊亂トシテ取扱フカ如キ裁判官ト問答スル必

要モ義務モ認メマセヌ

吾々ハ

神樣ノ前ニ出テ恥カシクナイ信念ト態度トヲ以テ此ノ事件ノ眞相ヲ説明シ度イト思ヒマスガ故ニ取調官ニ於テモ

神樣ノ前ニ又

天皇陛下ノ前ニ平伏シテ訊問スル態度ニ出テラレナケレバナラヌモノト確信致シマス

其ノ信念態度ヲ吾々カ認メナイ限リハ訊問ニ應答スル事ハ出來マセヌ

被告人　中村　武

右讀聞ケタル處無相違旨申立署名拇印シタリ

昭和十一年六月五日於東京刑事地方裁判所作之

大審院特別權限ニ屬スル被告事件豫審掛
東京刑事地方裁判所
裁判所書記　山本　茂
豫審判事　藤山富一

右謄本也
昭和十一年六月九日
東京刑事地方裁判所
裁判所書記

第二回訊問調書

被告人　梅山満男

右被告人ニ對スル刑法第七十八條ノ罪被告事件ニ付昭和十一年六月九日福岡地方裁判所小倉支部ニ於テ
大審院特別權限ニ屬スル被告事件豫審掛
豫審判事　藤山富一
裁判所書記　山本茂
列席ノ上豫審判事ハ前回ニ引續キ右被告人ニ對シ訊問ヲ爲スコト左ノ如シ

一問　前回兩角豫審判事ニ對シテ陳述シタ事ハ間違ヒナイカ
答　夫レニ付イテ御返事スル前ニ私ノ現在ノ決心ヲ一言致シマス
私ハ現在ノ裁判官殿ガ

日本精神ト天皇意識ニ徹セラレル迄ハ此ノ事件ニ付イテ今後絶對ニ應答致シマセヌ

二問　夫レデハ當職ノ訊問ニ對シテハ全然陳述シナイト云フノカ

答　左樣デス

若シ貴官等ガ私等ノ信念卽チ日本精神ト天皇意識ニ目覺メラレルナラバ其ノ時ハ喜ンデ此ノ所謂神兵隊事件ノ說明ヲスル積リデス

然シ此ノ事件ヲ內亂豫備罪トシテ取調ベラレル事自体ガ既ニ貴官等ニ於テ

日本精神ニ目覺メテ居ラレナイ證據ト認メルカラ貴官ニ對シテモ一切陳述致シマセヌ

被告人　梅山滿男

右讀聞ケタル處無相違旨申立署名拇印シタリ

昭和十一年六月九日於福岡地方裁判所小倉支部作之

大審院特別權限ニ屬スル被告事件豫審掛

東京刑事地方裁判所

裁判所書記　山本　茂

豫審判事　藤山富一

右謄本也

昭和十一年六月十五日

東京刑事地方裁判所

裁判所書記

第二回訊問調書

被告人　橋本利夫

右被告人ニ對スル刑法第七十八條ノ罪被告事件ニ付昭和十一年
六月九日大阪地方裁判所ニ於テ
大審院特別權限ニ屬スル被告事件豫審掛
豫審判事　大城朝申
裁判所書記　元吉保之輔
列席ノ上豫審判事ハ前回ニ引續キ右被告人ニ對シ訊問ヲ爲スコ
ト左ノ如シ

一問　被告ノ氏名、年齢、職業、住居、本籍、出生地ニ就イ
テハ從前通リ變リナイカ

答　左樣前回兩角豫審判事ニ述ヘタ通リテアリマス

二問　前回兩角豫審判事ニ對シ其餘ノ事ニ付述ヘタ事ハ如何

答　私カ前回申上ケタ事ハ變リハ御座居マセヌ

然シ其際私ハ本事件ニ付系統的ニ皇道ノ精神ヲ表現シテ改メテ申述ヘ度イト考ヘ兩角豫審判事ニ對シ上申書ヲ書イテ提出シタ後ニ御訊問ヲ進メテ戴キ度イト申上ケテ置キマシタカ其上申書ハ出サナイ事ニ致シマス

其時私カ左樣ニ申上ケタノハ我々ノ眞精神ヲ活ス爲ニ一言一句考ヘテ申上ケ度イ爲テアリマシタカ皇道ハ筆ヤ言葉テ云ヒ表ハセルモノテナク夫レヲ申上ケテモ其事カ相手ニ響カナイト生キテ來ナイノテアリマス

判事サンノ行動カ眞ニ皇道ニ一致シタ時ニ初メテ私達ノ云フ事カ肯イテ戴ケルノテ夫レ迄ハ結局馬耳東風唯云フ丈ケテ何等響イテ來ナイカラ私ハ判事サンカ所謂天皇意識ニ到達サレル迄ハ此ノ事件ノ本体ニ付イテハ

何事モ申上ケマセヌ夫レハ兩角豫審判事ニ對シテノミナラス司法官全体ニ對シテ然リテアリマス
尚私ハ玆ニ　天皇意識ト云フ事ニ付イテ此ノ際申上ケテ置キマスカ我々ハ司法官ヤ警察官其他一切ノ政治機構ニ携ツテ居ラレル方ヲ御上ト申シマス御上ハ即チ神テアリ故ニ
陛下
ノ命ヲ受ケテ働イテ居ラレル方ハ神棚ニ在ル人即チ神様テアリ所謂命（ミコト）テナクテハナリマセヌ然ルニ現在ノ司法官ヲ初メ其他ノ官吏ニハ其觀念ハナク言葉テハ云フテ居ツテモ行ヒテハ全然示サレテ居リマセヌ之レヲ示ス事ハ即チ　天皇意識ニ還ル事テアリマシテ現在ノ司法官カ　天皇意識ニ到達シ夫レヲ行動テ示ス迄ハ誰レ

二

ニ對シテテモ私ハ本事件ノ本体ニ付イテハ申上ケマセヌ
三問　然ラハ被告ハ當職ニ對シテモ申述ヘナイ積リカ
答　左樣現在ノ處テハ貴官ニ對シテモ本事件ノ事ニ付イテハ申上ケル事ハ出來マセヌ
四問　被告ノ現在ノ心境ニ付イテ答ヘラレルカ
答　ハイ夫レハ申上ケラレマス
私ハ唯裁判官カ一日モ早ク天皇意識ニ到達シテ下サル事ヲ祈ッテ居ル丈テアリマス
豫審判事ハ本件嫌疑ノ原由ヲ告ケタル上
五問　辯解ハナイカ
答　外ニハ何モ申上ケル事モアリマセヌ又辯解スル事モ御座居マセヌ

被告人　橋本利夫

右讀聞ケタル處無相違旨申立署名捺印シタリ

昭和十一年六月九日於大阪地方裁判所作之

大審院特別權限ニ屬スル被告事件豫審掛

東京刑事地方裁判所

裁判所書記　元吉保之助

豫審判事　大城朝申

右謄本也

昭和十一年六月二十五日

東京刑事地方裁判所

裁判所書記

三

第二回訊問調書

被告人　松下芳一

右被告人ニ對スル刑法第七十八條ノ罪被告事件ニ付昭和十一年六月十日大阪地方裁判所ニ於テ
大審院特別權限ニ屬スル被告事件豫審掛
豫審判事　大城朝申
裁判所書記　元吉保之輔
列席ノ上豫審判事ハ前回ニ引續キ右被告人ニ對シ訊問ヲ爲スコト左ノ如シ

一問　前回兩角豫審判事ニ對シ申述ヘタ事ハ間違ヒナイカ
答　間違ヒアリマセヌ　其時申上ケタ通リテアリマス
二問　被告ハ前回兩角豫審判事ニ對シ曩ニ所謂神兵隊事件ノ豫審ノ調ヘニ際シテ吉本豫審判事ニ申述ヘテ置イタ陳

述內容ノ內自分ノ行動ニ關スル點、自分ノ心境並ニ將來ノ方針ニ關スル點、神兵隊ノ破壞後ノ建設ニ關スル點ニ付其ノ供述ヲ訂正セネハナラヌシ其他ニモ幾多相違ノ點カアルカラ其陳述ヲ取消サシテ戴キ此ノ事件ニ付イテ改メテ終始一貫スル樣秩序的ニ申上ケタイト思フ旨述ヘテ居ル樣タカ其點ニ付イテハ如何

答　前回兩角豫審判事ニ左樣ニ申上ケテ置イタ事ハ相違アリマセヌ　然シ未タ其事ヲ申上ケル時期ニ參ツテ居リマセヌ私ニ其用意カ出來テ居リマセヌカラ今日ハ申シマセヌ

三問　用意カ出來テ居ナイトハ怎ウ云フ事テアルカ

答　未タ十分ニ申上ケル時期カ參ツテ居リマセヌ我々ノ眞精神ヲ理解シテ吳レル取調官カ現レヌ以上千言萬句ヲ

費シテモ無用テアリマスカラ私ハ申上ケヌ事ニ決メテ
居リマス眞ニ皇道ニ徹シタ人カ出ナケレハ私ハ述ヘマ
セヌ兩角豫審判事ハ勿論ノ事私カ知ル限リニ於テハ現
在ノ司法官ニハ皇道ニ徹シタ人ハアリマセヌカラ云ハ
ヌ事ニシテ居リマス

四問　夫レテハ當職ニ對シテモ述ヘナイカ

答　貴方ニ對シテモ申上ケマセヌ其理由ハ前ト同様テアリ
マス

五問　被告ハ曩ニ吉本豫審判事ニ對シ所謂神兵隊事件ノ第五
回豫審訊問ニ於テ被告人ノ當時ノ心境並ニ將來ノ方針
ニ關シ斯樣ニ述ヘテ居ル樣タカ違フカ

此時豫審判事ハ右吉本豫審判事ノ被告人ニ對スル第五回豫審訊
問調書中八問答ヲ讀聞ケタリ

二

答　其時述ヘタ心境ニ付イテハ當時私ハ病中テアリマシタ
シ私ノ眞ノ心境ヲ述ヘタモノテハアリマセヌカラ前回
私ハ夫レヲ取消シタノテアリマス
只今オ讀聞ケノ後半私ノ將來ノ方針ニツキ述ヘタ事ニ
關シテハ私ハ今其通リ實行シテ居リマス
六問　被告ノ現在ノ心境ニツキ述ヘル事カ出來ルカ
答　現在私ノ心境ニツイテハ何モ申上ル程ノモノハアリマ
セヌ
豫審判事ハ本件嫌疑ノ原由ヲ告ケタル上
七問　辯解ハナイカ
答　アリマセヌ
被告人　松下芳一
右讀聞ケタル處無相違旨申立署名拇印シタリ

昭和十一年六月十日於大阪地方裁判所作之
大審院特別權限ニ屬スル被告事件豫審掛
東京刑事地方裁判所
裁判所書記　元吉保之輔
豫審判事　大城朝申

右謄本也
昭和十一年六月二十九日
東京刑事地方裁判所
裁判所書記

三

第二回訊問調書

被告人　永代秀之

右被告人ニ對スル刑法第七十八條ノ罪被告事件ニ付昭和十一年六月十一日武雄區裁判所ニ於テ

大審院特別權限ニ屬スル被告事件豫審掛

豫審判事　藤山富一

裁判所書記　山本茂

列席ノ上豫審判事ハ前回ニ引續キ右被告人ニ對シ訊問ヲ爲スコト左ノ如シ

一問　前回兩角豫審判事ノ訊問ニ對シテ陳述シタ事ニ變リハナイカ

答　アノ通リ相違アリマセヌ

二問　此ノ所謂神兵隊事件ノ關係者ト近頃交渉シテハ居ナイ

カ

答　全然交渉ガナイトハ云ヘマセヌ

此ノ神兵隊事件ノ同志デアリ且私ノ國學院時代ノ同窓デアツタ友人等ト時々文通シ又面談シテ居リマス

然シ夫レハ普通ノ學友トシテノ交際デアツテ夫レ以外ニ深イ關係ハアリマセヌ

三問　現在ノ心境如何

答　私ハ過去ノ經歴ヤ此ノ事件關係ノ從來ノ情實ヲ一切振リ捨テヽ此ノ際亡父ノ後繼者トシテ眞面目ニ神職ニ就キタイト切望シテ居リマス

私ノ家ハ隨分古イ時代カラ現住地ニ於テ代々郷社妻山神社

及

村社杵島神社ノ神主ヲ務メテ居ルノデスガ私ノ實父

永代　暉二

ガ今年三月十四日死亡致シマシテ父ノ長男タル私ガ其ノ跡ヲ繼ガネバナラヌ現狀ニアルノデス

依テ父ノ死亡ト共ニ氏子一同ハ直チニ私ニ對シテ右兩神社ノ神主タルコトヲ希望シ又推薦シテ呉レマシタ

然シ私トシテハ此ノ事件ノ被告人タル立場ヲ考ヘ遠慮シテ一應其ノ推薦ヲ謝絶シタノデス

ケレドモ長イ歴史ト傳統ヲ持ツ此ノ神社ノ神主ハ是非共父ノ嫡男タル私デナケレバナラヌト云フ氏子一同ノ切ナル要求ニ依リ私モ之ヲ諒承シタノデスガ何分ニモ佐賀縣廳社寺課ニ於テ認可ヲ與ヘテ呉レマセヌカラ止ムヲ得ズ私ハ現在其ノ認可ヲ得ザルマヽ兩神社ノ事務

ヲ執ツテ居リマス
此ノ事ニ付テハ先般兩角豫審判事ニ對シテ私ノ心境ヤ境遇ヲ訴ヘテ
若シ出來得レバ自分ガ神職ニ就キ得ル様御盡力ヲ願ヒタイ
ト云フ文面ノ私信ヲ差上ゲテ居リマス
然シ縣當局トシテハ此ノ事件關係ヲ考慮スルノデセウ、今直チニ神主タルコトヲ認可スル譯ニ行カヌト云フ意向ラシイノデス
成ル程私ガ此ノ神兵隊事件ニ關係シテ執ツタ行動ハ法ニ觸レルモノデアツタニ違ヒアリマセヌケレドモ私自身ノ考ヘ方トシテハ神主トシテノ道ヲ外シテハ居ナカツタト思ツテ居ルノデス

尙私ガ被告人ナルガ故ニ神主タルコトヲ絶對ニ認可サレナイト云フ場合ヲモ考慮シテ實ハ今年三月中學ヲ卒業シタ當年十八歳ノ私ノ實弟ヲ目下皇典講究所ニ入レテ居リマス

然シ之トテモ神官ノ有資格者ト爲ル迄ニハ今後三年間ヲ要シマスカラ現在ニ於テハ氏子一同ノ懇望ヲ容レ毎月四十四圓七十五錢ノ俸給ヲ貰ツテ神社ノ事務ヲ執リ且一家ノ生計ヲ支ヘテ居ルノデス

右申上ゲル樣ナ事情ニ依ツテ私ノ現在ノ心境ヲ御諒察願ヒ度イト思ヒマス

於茲本件犯罪ノ嫌疑ヲ受ケタル原由ヲ告知シタル上

四問　辯解シ度イ事ハナイカ

答　別ニ改メテ辯解スル事ハアリマセヌガ只家庭ノ事情ニ

付テ一言御聞キヲ願ヒマス

私ノ父ハ元來經濟ニ疎ク其ノ爲メニ何等纒ツタ蓄財モ遺サズシテ死亡シマシタ

而モ私ハ父ノ長男トシテ今後八人ノ弟妹等ヲ扶養シナケレバナラヌ立場ニ爲ツテ居ルノデス

其ノ關係ニ於テモ速カニ私ガ神職ニ就ク事ノ切實ナル要求ニ迫ラレテ居ルノデスカラ此ノ點ニ付テモ御了解ヲ願ヘレバ幸甚ダト存シマス

夫レ以外ニ申上ゲル事ハアリマセヌ

被告人　永　代　秀　之

右讀聞ケタル處無相違旨申立署名捺印シタリ

昭和十一年六月十一日於武雄區裁判所作之

大審院特別權限ニ屬スル被告事件豫審掛

東京刑事地方裁判所
裁判所書記　山本　茂
豫審判事　藤山富一

右謄本也
昭和十一年六月十六日
東京刑事地方裁判所
裁判所書記

四

第二回訊問調書

被告人　本木恒雄

右被告人ニ對スル刑法第七十八條ノ罪被告事件ニ付昭和十一年六月十一日大阪地方裁判所ニ於テ

大審院特別權限ニ屬スル被告事件豫審掛

豫審判事　大城朝申

裁判所書記　元吉保之輔

列席ノ上豫審判事ハ前回ニ引續キ右被告人ニ對シ訊問ヲ爲スコト左ノ如シ

一問　前回兩角豫審判事ニ對シ申述ヘタ事ハ間違ヒナイカ

答　其時私カ怎ンナ風ニ申述ヘタカ只今記憶カ薄クナツテ居リマスカラ其處ニ書イタモノカアルナラハ讀ンテ聞カシテ下サイ

二問　其時ノ被告ノ供述ハ斯樣ニナツテ居ルカ如何

此時豫審判事ハ兩角豫審判事ノ被告人ニ對スル昭和十一年一月二十二日付訊問調書ヲ全部讀聞ケタリ

答　前回私カ兩角豫審判事ニ申上ケタ事ハ只今才讀聞ケノ樣ニ總テ間違ヒアリマセヌ

右ノ中私ノ職業ハ現在ハ大阪市浪花區櫻川一丁目千五十二番地中村鐵工所ノ事務員ニ變ツテ居リマス　其他ハ全部相違アリマセヌ

三問　其後被告カラハ上申書ハ提出サレテ居ラヌカ上申書ヲ書イタカ

答　私カ兩角豫審判事ニ上申書ヲ提出スルト申上ケテ置イタ當時ノ私ノ氣持ハ私カ生命ヲ罩メテ上申書ヲ書イテ出セハ我々カ何カ故ニ蹶起シタカ我々ノ信念ヲ体得シ

テ貫ヘルモノトノ希望ヲ持チ其ノ希望ノ下ニ上申書ヲ書イテ出ス考ヘニナリマシタカ其後ニ至リ兩角豫審判事ニハ眞ニ私カ書イタ事ヲ判ツテ呉レル精神カ無イ眞ノ裁判官ハ神ノ心トナツテ

陛下

ノ裁判官トシテ

陛下

ノ赤子ヲ裁クノテナケレハナラヌカ兩角豫審判事ニハ我々カ何レノ爲ニ蹶起シタカ我々カ何故ニ生命ヲ奉還シテ蹶起セネハナラナカツタカト云フ根本原理卽チ皇道精神ノ眞髓ヲ把握シテ居ラレナイ換言セハ　天皇意識ノ把握カ無イト私ノ眼ニ映シマシタカ故ニ私ハ生命ヲ罩メテ上申書ヲ書イテ出ス必要ハナイト思ヒマシタ

二

カラ上申書ヲ出ス事モ書ク事モ止メ上申書ハ提出シナイ事ニ致シマシタ

四問　然ラハ當職ニ對シ被告ノ述ヘ度イト思フ處ヲ述ヘテ見タラ怎ウカ

答　貴官トハ初對面テアリマスシ現在ノ處テハ前同様ノ理由ニ依リ皇道精神ノ眞ノ体得者テナイト考ヘテ居リマスカラ此ノ事件ニ付イテハ申シマセヌ貴官カ心カラ天皇意識ニ目覺ラレタ時ニハ私ハ喜ンテ我々ノ精神ノアル處ヲ丹念ニ刻銘ニ魂ヲ打チ込ンテ述ヘ度イト思ヒマス

五問　現在ノ處テハ之レ以上何事モ訊問ニ應セヌト云フノカ

答　之レ以上ハ何事モ申シマセヌ私ノ心境ニ付イテモ云フ氣持ニナレマセヌ

豫審判事ハ本件嫌疑ノ原由ヲ告ケタル上
六問　他ニ辯解ハナイカ
答　現在ノ處テハ辯解ノ限リテハナイト思ヒマス私ハ何モ
云ヒタクアリマセヌ
被告人　本　木　恒　雄
右讀聞ケタル處無相違旨申立署名拇印シタリ
昭和十一年六月十一日於大阪地方裁判所作之
大審院特別權限ニ屬スル被告事件豫審掛
東京刑事地方裁判所
裁判所書記　元　吉　保　之　輔
豫審判事　大　城　朝　申

三

右謄本也

昭和十一年六月二十九日

東京刑事地方裁判所

裁判所書記

第二回訊問調書

被告人　森本幸一

右被告人ニ對スル刑法第七十八條ノ罪被告事件ニ付昭和十一年
六月十一日大阪地方裁判所ニ於テ
大審院特別權限ニ屬スル被告事件豫審掛
豫審判事　大城朝申
裁判所書記　元吉保之輔
列席ノ上豫審判事ハ前回ニ引續キ右被告人ニ對シ訊問ヲ爲スコ
ト左ノ如シ

一問　被告カ前回兩角豫審判事ニ對シ申述ヘタ事ハ間違ヒナ
イカ

答　夫レヨリ前ニ一言申上ケ度イ事カアリマス
從前ノ兩角豫審判事乃至吉本豫審判事ニ對シ申上ケタ

供述ハ全部取消ス事ニ致シマス

之レ迄ノ私ノ供述ハ全部私カ入獄中ニ於ケル供述テアリ當時私ハ司法官ハ

天皇ノ司法官テアルト思ツタカラ申上ケマシタカ刑務所ヲ出テ司法主腦部ノ遣リ方ヲ見ルト例ヘハ　天皇機關說ヲ唱ヘル輩ヲ起訴猶豫ニシタリシテ居ルシ左樣ナ司法主腦部ニ對シテハ再認識ヲ要求シマス夫レテ批判的ノ眼ヲ持ツテ觀克ク考ヘテ見ルト兩角豫審判事乃至吉本豫審判事ハ我々ノ精神ヲ理解セス私ノ言フタ事カ其儘調書ノ上ニ現レテ居ナイ夫レハ我々ノ行動ヲ朝意紊亂トカ或ハ暴動ヲ以ツテ目シテ居ル事テモ判リマスノテ眞ニ

天皇ノ司法官トシテ認メル事カ出來マセヌ
天皇ノ司法官トシテ恥ナイ人ニノミ訊問ヲ受ケ度イト思ヒマス夫レテ今迄ノ豫審ノ供述ハ兩角豫審判事ニ對スル分モ吉本豫審判事ニ對スル分モ全部取消シマス

二問　被告カ之レ迄述ヘタ豫審ノ供述中尠ク共被告等ノ行動ニ關スル部分ハ結局從來述ヘタ通リ間違ヒナイノテハナイカ

答　我々ノ思想、我々ノ根本精神カ理解サレナイテハ到底我々ノ行動モ判ラナイト思ヒマスカラ全部取消スノテアリマス
我々ノ行動ハ朝憲ヲ擁護コソシタノテアリマスカ決シ

テ朝憲ヲ紊亂セントシタノテハアリマセヌ

三問　被告ノ云フ處テハ結局當職ノ訊問ニ對シ之ニ應スルト云フノカ夫レ共應セヌト云フノカ

答　私ハ眞ニ皇道精神ニ悟達シタ司法官カ出ル迄ハ調ヘヲ受ケマセヌ

兩角豫審判事ヤ吉本豫審判事ノ調書ヲ總テ有效ト見テ補足的ニ訊ク人ニハ答ヘマセヌ

貴官ノ訊問ニ對シテハ總テ兩角、吉本兩豫審判事ノ調書ヲ全然無效トシ改メテ訊問ヲ仕直シ我々ノ精神ヲ克ク理解サレルノテナケレハオ答ニ應シ兼ネマス

四問　被告ノ現在ノ心境ハ如何

答　別ニ何モ申上ケル程ノ事ハアリマセヌ

豫審判事ハ本件嫌疑ノ原由ヲ告ケタル上

五問　他ニ辯解ハナイカ
答　私トシテハ之レ以上何モ申ス事ハアリマセヌ
被告人　森　本　幸　一
右讀聞ケタル處無相違旨申立署名捺印シタリ
昭和十一年六月十一日於大阪地方裁判所作之
大審院特別權限ニ屬スル被告事件豫審掛
東京刑事地方裁判所
裁判所書記　元　吉　保　之　輔
豫審判事　大　城　朝　申

右謄本也

昭和十一年六月二十九日

東京刑事地方裁判所

裁判所書記

第二回訊問調書

被告人　藤井嘉夫

右被告人ニ對スル刑法第七十八條ノ罪被告事件ニ付昭和十一年六月十二日大阪地方裁判所ニ於テ

大審院特別權限ニ屬スル被告事件豫審掛

豫審判事　大城朝申

裁判所書記　元吉保之輔

列席ノ上豫審判事ハ前回ニ引續キ右被告人ニ對シ訊問ヲ爲スコト左ノ如シ

一問　氏名、年齡、職業、住居、本籍出生地ハ從前通リカ

答　年齡ハ當二十四歲職業ハ現在ハ大阪府中河内郡巽村大字西足代田中鋼化所ノ職工、本籍ハ最近山口縣ヨリ現住居ノ大阪市東成區猪飼野東五丁目十四番地ニ轉籍致シマシタ

藤井

其他ハ前回述ヘタ通リ變リハアリマセヌ

二問　前回兩角豫審判事ニ對シ被告カ申立テタ供述ハ間違ヒナイカ

答　其オ取調前ニ私ハ一言申上ケ度イ私ハ之レ迄ノ豫審調書ニ現レテ居ル私ノ供述全部ヲ否定致シマス其理由ハ之レ迄ノ豫審調書ニ私ノ申上ケタ眞意、信念カ一ツモ正當ニ現レテ居ナイ私ノ眞意信念カ歪曲サレテ居ル以上其調書ニ記載サレタ供述全部ニ對シテ私ハ全責任ヲ持ツ事カ出來ナイカラ我々ノ行動、事實關係ニ付イテ述ヘタ供述モ亦認メル事ハ出來マセヌ私ハ吉本豫審判事ヤ兩角豫審判事ニ直接會ツテ取調ヲ受ケタ當時ニ於テハ眞ニ　天皇陛下ノ裁判官トシテ　陛下ニ代リ司法權ヲ行使サレルモノト思ツテ居リマシタカ最近美濃部

博士ノ　天皇機關說ニ對スル司法部ノ態度ニ付イテ觀ルモ我々ハ現司法官大多數ノ態度ヲ疑ハサルヲ得サル樣ニナツテ居リ又最近帝人事件ニ現レタ新聞記事ニ依ツテ見テモ兩角豫審判事ヲ人格的ニ信スル事カ出來ナイノテアリマス此レハ一例テスカ我々ハ眞ニ　天皇意識ニ徹シタ人ノ取調ヲ受ケ度イト思ツテ居リマスカラ斯ノ如キ皇道精神　天皇意識ニ目覺メナイ人ノ取調ハ御斷リ仕度イ此ノ意味ニ於テ兩角豫審判事及其前ニ取調ラレタ吉本豫審判事ノ豫審調書モ亦我々ノ眞意信念カ現レテ居ナイカラ共ニ否定致シマス

三問　然ラハ被告ハ檢事總長ノ起訴ニ係ル豫審請求書記載ノ公訴事實ニ對シテハ如何樣ニ考ヘテ居ルカ

此時豫審判事ハ檢事總長ノ豫審請求書記載ノ公訴事實ヲ讀聞ケ

タリ

答　只今オ讀聞ケノ公訴ノ事實ニ付先ツ事實關係カラ申上ケマス我々ノ行動ハ我々ノ思想信念ニ基クノテアリ只今オ讀聞ケノ公訴事實中ニハ我々ノ信念カ現レテ居ナイカラ所謂事實關係モ認メマセヌ次ニ私ハ内亂豫備罪ト云フ事ニ付イテ疑問ヲ持ツテ居リマス我々ハ朝憲ヲ擁護セントシテ所謂國士トシテ立ツタモノテアリ決シテ　天皇陛下ニ弓引ク國賊テハアリマセヌ政府ヲ顚覆仕様ト企テタモノテモナク邦土僭竊仕様ト企テタモノテモナク朝憲紊亂ト云フ事ハ認メル事カ出來マセヌ我々ノ信念カ認メラレルナラハ内亂豫備罪抔ト云フ事ハアリ得ナイト思ヒマス

四問　然ラハ被告等ノ信念ヲ述ヘテ見ヨ

答　私ハ貴官カ眞ニ　天皇意識ニ目覺メラレ　天皇陛下ノ司法權ヲ行使スル方テアル事カ確認出來タナラハ其時ハ喜ンテ私ノ信念ヲ申上ケマスカ未タ私ニハ夫レカ判リマセヌカラ今日申立ラレマセヌ眞ニ　天皇意識ニ目覺メタ方テアル事カ判ル迄ハ誰人ニモ我々ノ信念ヲ申上ケル事ハ出來マセヌノミナラス我々ノ行動ヲ內亂豫備罪ヲ以テ目スルカ如キ見解ノ下ニ取調ヲ進メラレルナラハ私ハ何モ申上ケル事ハ出來ナイノテアリマス

豫審判事ハ本件嫌疑ノ原由ヲ告ケタル上

五問　他ニ辯解スル事ハナイカ

答　アリマセヌ外ニ云ン必要モ認メマセヌ

被告人　藤井嘉夫

右讀聞ケタル處無相違旨申立署名拇印シタリ

昭和十一年六月十二日於大阪地方裁判所作之
大審院特別權限ニ屬スル被告事件豫審掛
東京刑事地方裁判所
裁判所書記　元吉保之輔
豫審判事　大城朝申

右謄本也
昭和十一年六月二十五日
東京刑事地方裁判所
裁判所書記

三

第二回訊問調書

被告人　増澤　毅

右被告人ニ對スル刑法第七十八條ノ罪被告事件ニ付昭和十一年六月十二日大阪地方裁判所ニ於テ
大審院特別權限ニ屬スル被告事件豫審掛
豫審判事　大城朝申
裁判所書記　元吉保之輔
列席ノ上豫審判事ハ前回ニ引續キ右被告人ニ對シ訊問ヲ爲スコト左ノ如シ

一問　被告ノ氏名、年齢、職業、住居、本籍、出生地等ニ變リハナイカ
答　年齢ハ當二十六歳
職業ハ綿工場ノ職工

住居ハ大阪市西成區旭北通リ二丁目八番地木下幸助方
ニ變リマシタ
木下幸助ハ私ノ姉婿テアリマス
其他ハ前回申上ケタ通リ變リハアリマセヌ

二問 前回被告カ兩角豫審判事ニ申述ヘタ事ハ間違ヒナイカ

答 前回私カ兩角豫審判事ノオ取調ヘヲ受ケタ時ハ未タ私ハ拘束ヲ受ケテ居ル最中テアリ私カ眞ノ心カラ考ヘタ事ヲ十分ニ云ヒ得ナカツタ事カ多々アルノミナラス其後兩角豫審判事ノオ取調ヘヲ振リ返ツテ考ヘテ見マスト兩角豫審判事ハ我々ノ云フ 天皇意識、國體觀念ノ眞髓ニ徹シテ居ラレナイト認メマシタカラ同豫審判事ニ申述ヘタ事ハ全面的ニ取消ス事ニ致シマス

三問 然ラハ被告カ所謂神兵隊事件ニ付曩ニ吉本豫審判事カ

ラ訊問ヲ受ケタ際申述ヘタ供述ハ如何

答　吉本豫審判事ニ申上ケタ事モ取消サシテ戴キマス
其理由ハ兩角豫審判事ト同樣テアリマス
吉本豫審判事ノオ取調ヘヲ受ケテ居タ當時ハ私自身拘
束サレテ居ル最中トテ反省スル餘裕モ無ク殊ニ同豫審
判事ノ私ニ對スル訊問ノ中ニハ私達ノ同志ノ言ヲ參考
ニ採ツテ例ヲ引キ夫レヲ私ノ調書ニ採リ入レテ書カレ
タ事カ澤山アリ從ツテ私ノ考ヘル處ト違フ事カ私ノ供
述トシテ現レテ居ルノテアリマス　其後ニ至ツテ私カ
良ク反省シテ考ヘテ見ルト吉本豫審判事モ矢張リ私達
カ望ンテ居ル眞ノ
天皇
ノ司法官テナイト云フ事カ判リマシタカラ同豫審判事

四問　ニ對スル私ノ供述モ取消サセテ戴キマス

然ラハ被告ハ檢事總長ノ起訴ニ係ル豫審請求書記載ノ公訴事實ニ對シ如何樣ニ考ヘテ居ルカ

答　私ハ我々ノ望ンテ居ル眞ノ

天皇ノ司法官テアル事カ認メラレタ時ニ其答ヲ申上ケ度イト思ヒマス貴官ハ今日初メテ御目ニ掛ツタノテアリマスカラ我々ノ望ンテ居ル眞ノ司法官テアルカ否カ未タ判リマセヌカラ夫レカ判ル迄ハオ答ハ出來マセヌ

五問　被告ノ現在ノ心境及將來ノ方針等ニ付イテハ如何

答　夫レモ今ノ處申上ケラレマセヌ

六問　然ラハ被告ハ現在ノ狀態ニ於テハ之レ以上當職ノ訊問ニ應セヌカ

答　現在ノ儘テハ之レ以上御訊問ニオ答ハ出來マセヌ

豫審判事ハ本件嫌疑ノ原由ヲ告ケタル上

七問　尙外ニ本件ニ付辯解ハナイカ

答　檢事總長ノ公訴事實ノ內亂豫備罪ト云フ事ニ對シテハ他ノ同志ノ事ハ知リマセヌカ尠ク共私一人丈ケニ付イテハ內亂豫備罪ト云フ事ハ當テ嵌ラナイト思ヒマス

八問　其理由ハ如何

答　其理由ハ今申上ケル事ハ出來マセヌ

九問　他ニ何カ申述ヘル事ハナイカ

答　アリマセヌ

被告人　增澤　毅

右讀聞ケタル處無相違旨申立署名捺印シタリ

昭和十一年六月十二日於大阪地方裁判所作之

三

大審院特別權限ニ屬スル被告事件豫審掛

東京刑事地方裁判所

裁判所書記　元吉保之輔

豫審判事　大城朝申

右謄本也

昭和十一年六月二十七日

東京刑事地方裁判所

裁判所書記

第二回訊問調書

被告人　星井眞澄

右被告人ニ對スル刑法第七十八條ノ罪被告事件ニ付昭和十一年六月十五日大阪地方裁判所ニ於テ

大審院特別權限ニ屬スル被告事件豫審掛

豫審判事　大城朝申

裁判所書記　元吉保之輔

列席ノ上豫審判事ハ前回ニ引續キ右被告人ニ對シ訊問ヲ爲スコト左ノ如シ

一問　前回兩角豫審判事ニ申述ヘタ供述ハ間違ヒナイカ

答　私ハ前回兩角豫審判事ニ申上ケタ事ノミナラス曩ニ吉本豫審判事カラ豫審ノ取調ヲ受ケタ際申上ケタ事モ茲ニ取消シテ改メテ申上ケ度イト思ヒマス夫レハ當時ノ

取調官タル兩角豫審判事並ニ吉本豫審判事ハ眞ニ天皇ノ裁判官トシテノ誠意カ無ク我々ノ行動以外ノ點ニ關スル訊問ニ付イテハ我々ハ誘導訊問ニ會ヒ夫レニ依ツテ豫審ノ調書カ出來我々ノ眞意カ現レテ居ナイカラ取消スノテアリマス

二

問　被告等ノ行動ニ付イテハ如何

答　我々カ昭和維新斷行ノ為其ノ手段トシテ執ツタ我々ノ行動自体ニ付イテハ嚢ニ吉本豫審判事並ニ兩角豫審判事ニ申上ケタ通リ相違アリマセヌカラ之レヲ認メマス然シ我々カ如何ナル理由ニ依ツテ立チ斯カル行動ヲ起スニ至ツタカト云フ事ニ關シテハ從前ノ豫審ニ於ケル私ノ陳述ハ違ツテ居リマスカラ我々ノ行動以外ノ點ニ對スル從前ノ豫審ノ陳述ハ一切取消サシテ戴キ度イト

思ヒマス
三問　検事總長ノ起訴ニ係ル豫審請求書記載ノ公訴事實及吉本豫審判事ノ豫審終結決定書理由ノ部ニ記載セル事實ニ付イテハ如何ニ考ヘテ居ルカ
答　我々ハ決シテ朝憲紊亂ヲ企テタ者ニ非スシテ却テ朝憲ノ擁護ヲ企テタ者テアリマス夫レハ我々カ不正ナル政治經濟ノ機構ヲ正サントシテ蹶起シタ者テアルカラテアリマス私ハ我々ノ遣ツタ行動自体ハ決シテ否定致シマセヌ
四問　被告等ノ破壊行動カ成功シタル曉神兵隊ノ目的トスル處ヲ達成セシカ爲ニハ被告ハ帝國憲法ノ改廢ヲ如何ニ考ヘテ居タカ
答　我日本ノ國体的憲法卽チ現行帝國憲法第一條以下第十二

七條ニ規定セル第一章　天皇ニ關スル御規定ハ所謂不文憲法テアリ如何ナル人ト雖モ變革スル事ノ出來ナイモノテアリマスカラ之レ等ノ國体的憲法ニ對スル改廢ハ考ヘタ事ハアリマセヌカ政体的憲法卽チ現行憲法第二章以下ノ規定ニ對シテハ其或部分ニ付イテハ時勢ノ推移ニ依ツテ改廢セラレルモノト考ヘテ居リマシタ然シ我々行動隊ノ破壞工作成功ノ曉我々神兵隊ノ同志ノ或者ニ依ツテ破壞後ノ建設工作カ爲サレ所謂皇道政治カ布カレル事ハ豫テ豫想シテ居リマシタカ實ヲ申セハ破壞後ノ建設收拾ニ付イテハ我々行動隊ノ者ハ當時ハ深ク考ヘテ居ラス一切ヲ他ノ同志ニ委セテ置イタノテアリマス我々行動隊ノ者ハ唯我々ノ死ニ因ツテ一切解決カ出來之レニ依ツテ眞ノ皇道政治カ布カレ國体カ開

顯サレルモノト信シ計畫ニ參加シタノテアリマス

五問　被告等行動隊ノ目的トスル所ハ

答　我々ノ死ノ直接目的ハ直接行動ニ依ッテ時ノ內閣タル齋藤內閣ヲ打倒シ政黨、財閥及一部不正ノ特權階級ヲ殲滅シ斯カル不正ヲ剷シテ眞ノ皇道政治ヲ實現センカ爲テアリマシタ

六問　神兵隊ノ計畫カ最後必勝的ノ計畫テアル事ハ聞イテ居タカ

答　單ナル捨石的行動テナク最後必勝的ノモノテアル事ハ私モ影山正治ヨリ聞イテ知ッテ居リ神兵隊計畫カ最後必勝的ノ計畫テアル事ハ勿論テアリマスカ我々生産黨ノ中ノ者テモ德田宗一郎等ハ神兵隊ノ計畫カ粗雜テアリ最後必勝的ノモノテナイト見拔イタ爲此ノ計畫カラ

既退シタノテアリマス然シ私一人ハ假令最後ニ負ケテモ一死報國之レニ依ツテ必ス國体ハ開顯サレルモノト信シテ此ノ計畫ニ參加シタノテアリマス尙本日ハ之レ以上ニ御問ニナラヌ樣御願ヒシマス

七問　然ラハ今日ハ之レ以上訊問ニ應セヌ考ヘカ

答　我々ハ眞ノ　天皇ノ司法官トシテ　天皇意識ニ徹底シテ居ラレル方カ出テオ取調ヲナサレルナラハ喜ンテオ取調ヲ受ケ度イ眞ノ　天皇ノ裁判官テアラレルナラハ我々ハ如何ナル罪ニモ默ツテ服スル事カ出來ル然ラサレハ假令我々カ無罪ニナツテモ我々ハ決シテ喜フ者テハアリマセヌ前ノ兩角豫審判事、吉本豫審判事ニ對シテハ我々ハ　天皇意識ニ徹底シテ居ラレナイト認メルカラ玆ニ豫審ノ陳述ヲ取消シタノテアリマス貴方ニ對シテハ初對面テアリ貴方カ　天皇意識ニ徹シタ裁判官テアルカ否カ未タ判ラナイカラ今日ハ之レ以上オ取調ヲ受ケル譯ニ行キマセヌ現在ノ程度テハ之レ以上ノ御訊問ニハ御答ヘ出來マセヌ然シ決シテ御訊問ヲ忌避スル譯テハアリマセヌ

豫審判事ハ本件嫌疑ノ原由ヲ告ケタル上

八問　他ニ辯解ハナイカ

答　アリマセヌ私トシテハ外ニ自分カラ進ンテ申上ケル事モアリマセヌ

被告人　星井眞澄

右讀聞ケタル處無相違旨申立署名拇印シタリ

昭和十一年六月十五日於大阪地方裁判所作之

大審院特別權限ニ屬スル被告事件豫審掛

東京刑事地方裁判所

裁判所書記　元吉保之輔

豫審判事　大城朝申

右謄本也

昭和十一年六月二十五日

東京刑事地方裁判所

裁判所書記

第二回訊問調書

被告人　西山五郎

右被告人ニ對スル刑法第七十八條ノ罪被告事件ニ付昭和十一年六月十五日大阪地方裁判所ニ於テ大審院特別權限ニ屬スル被告事件豫審掛

豫審判事　大城朝申

裁判所書記　元吉保之輔

列席ノ上豫審判事ハ前回ニ引續キ右被告人ニ對シ訊問ヲ爲スコト左ノ如シ

一問　被告ノ氏名、年齢、職業、住居、本籍、出生地ニ變リハナイカ

答　私ノ年齢ハ當二十六歳

職業ハミシン機械ノ外交員ニ變リマシタ

其他ハ前回申上ケタ通リ變リハ御座居マセヌ

二問　前回兩角豫審判事ニ對シ被告カ申立タ陳述ハ間違ヒナイカ

答　私カ豊多摩刑務所ヲ賣付ニナツテ出所スル少シク前ニ兩角豫審判事カラオ取調ヘヲ受ケマシタカ其時ノ同豫審判事ニ對スル私ノ陳述ハ一應取消サセテ戴キマス更ニ遡ツテ東京地方裁判所ニ於テ所謂神兵隊事件ニ付吉本豫審判事カラオ取調ヘヲ受ケタ際ノ豫審ノ供述モ亦取消サセテ戴キマス

私達カ刑務所ノ外ヘ出テ現今ノ社會狀勢等ヲ綜合シテ見ルト私達ノ執ツタ行動ハ正シイノテアリマスカラ一日モ早ク所謂天皇意識ニ到達サレタ裁判官ニ取調ヘテ戴キ度イノテアリマス

三問　何故前ノ豫審ノ陳述ヲ取消スノカ

答　當時モ現在ニ於テモ私ノ信念ニハ何等變リハナイノテアリマスカ後ニナツテ當時ノ豫審ノ取調ヘヲ反省シテ見ルト兩角豫審判事並ニ吉本豫審判事ノ取調ヘモ共ニ其取調中ニハ豫審判事ノ誘導訊問ニ依ツテ述ヘタ點モアリ私ノ眞意ト合致シナイ事モ述ヘラレテアルノミナラス當時ノ兩豫審判事ノ態度、言葉、思想等ヲ綜合シ其後ニナツテ克ク考ヘテ見ルト兩角豫審判事モ吉本豫審判事モ共ニ未タ眞ノ皇道精神ニ徹セス　天皇意識ニ透徹シテ居ラナイト認メマシタカラ之レ迄ノ豫審ノ取調ヘニ對スル私ノ陳述ハ取消サセテ戴クノテアリマス

四問　以前ノ被告ノ豫審ノ供述ハ眞實ニ合致シナイ嘘ヲ云フタ譯テアルカ

答　左様テハアリマセヌ
以前ノ私ノ信念モ只今ノ信念モ私ノ信念ニ於テ變リハ無ク又私カ神兵隊事件ニ關係シタ事モ決シテ間違ヒノナイ事實テアリマスカラ以前ノ豫審ノ陳述ハ以前ハ夫レテ良カツタノテアリマスカ現在ニ於テハ私ニ心境ノ變化ヲ來タシテ居リマスカラ承認スル事カ出來マセヌ夫レテ前ノ豫審ノ取調ヘニ對スル陳述ハ取消サセテ戴クノテアリマス

五問　被告ハ前回兩角豫審判事ニ對シ曩ニ吉本豫審判事カラ數回訊問ヲ受ケ詳細ニ申上ケテ置イタ事ハ全部相違ハナイカ自分ノ思想推移ノ點ニ付イテ今少シク詳細ニ補充シテ陳述仕度イ點カアルカラ後日ノ訊問ノ機會ニ申上ケル事ニ仕度イト申立テ居ル樣タカ如何

答　前回兩角豫審判事ニ左樣ニ申上ケテ置イタ事ハ相違アリマセヌカ此ノ陳述モ亦先程申上ケタ理由ニ依リ取消サセテ戴キマス私ハ貴官カ眞ニ皇道ニ徹シタ方ナラハ何時テモオ取調ヘニ應スル考ヘテアリマスカ貴官トハ本日初メテ御目ニ掛ツタノテアリ貴官カ眞ニ皇道ニ徹シタ方テアルカ否カ未タ判リマセヌカラ今日直チニ此處テ取調ヘニナツテモ御答ヘスル事ハ出來マセヌ私ノ思想推移ノ點ニ付イテモ眞ニ皇道精神ニ徹シタ裁判官テアル事カ判ツタ時ニ申上ケ度イト思ヒマス

六問　要スルニ被告ハ現在ノ狀態ニ於テハ之レ以上當職ノ訊問ニ應スル事ハ出來ナイト云フノカ

答　左樣テアリマス

豫審判事ハ本件嫌疑ノ原由ヲ告ケタル上

七問　辯解スル事ハナイカ

答　我々ハ檢事總長ノ豫審請求書ニ書イテ在ル樣ニ朝憲紊亂ヲ目的トシテ遣ツタモノテ無ク寧ロ朝憲ヲ擁護セントシテ立ツタモノテアリマス

內亂豫備罪ト云フ事ニ對シテハ不服カ怎ウカ今直チニ私ノ意見ヲ申上ケル事ハ出來マセヌカ豫審テモ公判テモ何ンテモ構ヒマセヌカ眞ニ皇道精神ニ徹底セラレタ裁判官カ出ラレテオ取調ヘニナル時申上ケル事ニ致シマス

被告人　西山五郎

右讀聞ケタル處無相違旨申立署名拇印シタリ

昭和十一年六月十五日於大阪地方裁判所作之

大審院特別權限ニ屬スル被告事件豫審掛

東京刑事地方裁判所

裁判所書記　元吉保之輔

豫審判事　大城朝申

右謄本也

昭和十一年六月二十六日

東京刑事地方裁判所

裁判所書記

四

第二回訊問調書

被告人　白　阪　勵

右被告人ニ對スル刑法第七十八條ノ罪被告事件ニ付昭和十一年六月十六日大阪地方裁判所ニ於テ

大審院特別權限ニ屬スル被告事件豫審掛

豫審判事　大城朝申

裁判所書記　元吉保之輔

列席ノ上豫審判事ハ前回ニ引續キ右被告人ニ對シ訊問ヲ爲スコト左ノ如シ

一問　氏名、年齡、職業、住居、本籍及出生地ニ變リハナイカ

答　職業ハ著述業

本籍ハ東京市豐島區駒込六丁目七百六十六番地

住居モ同所ニ變リマシタ
其他ハ前回申上ケテ居ル通リ變リハアリマセヌ

二問　前回兩角豫審判事ニ申立タ供述ハ間違ヒナイカ

答　違ヒカアリマス

今迄申上ケタ事ハ一切取消シテ戴キマス

前回オ調ヘニナリマシタ兩角豫審判事ハ皇道意識ニ徹シテ居ラレナイ方テアリマス夫レハ同豫審判事ノオ調ヘフリカラ見テ左樣ニ認メルノテアリマスカ怎ノ點カソウテアルカト云フ事ハ今此處テハ申上ケラレマセヌカ左樣ナ　天皇意識ニ徹シテ居ラレナイ方カラ受ケタ取調ヘハ認メル事カ出來マセヌカラ全部取消シマス

更ニ遡ツテ所謂神兵隊事件ニ付東京地方裁判所ニ於テ吉本豫審判事ヨリ御訊問ヲ受ケタ際ノ私ノ豫審ノ陳述

モ同豫審判事モ亦　天皇意識ニ徹シテ居ラレヌカラ仝
部取消サセテ戴キマス更ニ遡ッテ私ノ検事廷及警察ニ
於ケル陳述モ一切取消ス事ニ致シマス
其理由ハ矢張リ取調官カ皇道意識ニ徹底シテ居ラヌカ
ラテアリマス

三問　被告ハ現司法官ノ取調ヘニハ應セヌ考ヘテアルカ

答　皇道意識ノ眞髄ヲ把握シテ居ラレル眞ニ　天皇ノ奉行
者テアラレル方カオ取調ヘニナルナラハ私ハ何時テモ
其方ノオ取調ヘヲ受ケルノテアリマス

四問　檢事總長ノ起訴ニ係ル豫審請求書記載ノ公訴事實ニ付
イテハ如何ナル意見ヲ持ッテ居ルカ

答　私ハ皇道意識ノ眞髄ヲ把握シテ居ラレル方卽チ眞ノ
天皇ノ奉行者ノオ取調ヘハ受ケマスカ左樣ナ方カ出ラ

レル迄ハ一切オ取調ヘヲ受ケマセヌ
貴方ハ初對面テアリ眞ニ皇道意識ニ徹シテ居ラレル方
テアルカ怎ウカ判ラナイカラ之レ以上御訊問ニ應スル
事ハ出來マセヌ

被告人　白　阪　勵

右讀聞ケタル處無相違旨申立署名捺印シタリ

昭和十一年六月十六日於大阪地方裁判所作之

大審院特別權限ニ屬スル被告事件豫審掛

東京刑事地方裁判所

裁判所書記　元　吉　保　之　輔

豫審判事　大　城　朝　申

右謄本也

昭和十一年六月二十六日

東京刑事地方裁判所
裁判所書記

三

第二回訊問調書

被告人　高橋梅雄

右被告人ニ對スル刑法第七十八條ノ罪被告事件ニ付昭和十一年六月十七日東京刑事地方裁判所ニ於テ

大審院特別權限ニ屬スル被告事件豫審掛

豫審判事　藤山富一

裁判所書記　山本茂

列席ノ上豫審判事ハ前回ニ引續キ右被告人ニ對シ訊問ヲ爲スコト左ノ如シ

一問　前回ノ供述ニ變リハナイカ

答　實ハ私ハ昨年十二月二十二日

兩角豫審判事

ノ取調ニ應ジテ此ノ神兵隊事件ニ付テ陳述致シマシタ

ガ其ノ後決意スル處アッテ今度同判事ノ訊問ヲ受ケル際ニハ其ノ私ノ決意ヲ申述べ度イト思ッテ居リマシタ

二問　其ノ決意トハ如何ナル事カ

答　夫レハ要スルニ現在ノ司法官ハ

天皇意識

國體意識ニ目覺メテ居ナイ、隨ッテ此ノ神兵隊事件ノ眞相ニ徹スル事ガ出來ナイモノト認メマスカラ現在ノ狀況ニ於テハ此ノ事件ノ取調ニ應ジナイト云フ決意ヲシタノデス

三問　然ラバ當職ノ訊問ニ對シテモ應答スル事ハ出來ナイカ

答　遺憾乍ラ現在ノ儘デハ貴官ノ取調ニ應ズル事ハ出來マセヌ

但シ今後貴官ニ限ラズ

天皇意識
國體意識ニ徹セラレタル司法官ガ出ラレテ此ノ事件ノ取調ニ當タラレルナラバ其ノ時ハ喜ンデ進ンデ訊問ニ應ジマス

被告人　高橋梅雄

右讀聞ケタル處無相違旨申立署名捺印シタリ

昭和十一年六月十七日於東京刑事地方裁判所作之

大審院特別權限ニ屬スル被告事件豫審掛
東京刑事地方裁判所
裁判所書記　山本茂
豫審判事　藤山富一

右謄本也

昭和十一年六月十七日

東京刑事地方裁判所

裁判所書記

黒江

第二回訊問調書

被告人　黒江直光

右被告人ニ對スル刑法第七十八條ノ罪被告事件ニ付昭和十一年六月十七日大阪地方裁判所ニ於テ

大審院特別權限ニ屬スル被告事件豫審掛

豫審判事　大城朝申

裁判所書記　元吉保之輔

列席ノ上豫審判事ハ前回ニ引續キ右被告人ニ對シ訊問ヲ爲スコト左ノ如シ

一問　氏名、年齡、職業、住居及本籍出生地等ニ變リハナイカ

答　年齡ハ當二十九年職業ハ鐵工所ノ事務員、住居ハ大阪市此花區春日出町百五十一番地ノ七田建藥局內ニ變リマシタ其他ハ前回通リ變更ハアリマセヌ

二問　前回兩角豫審判事ニ對シ被告カ申立テタ供述ニ變リハナイカ

此時豫審判事ハ被告人ニ對スル昭和十年十一月十五日付訊問調書ヲ讀聞ケタリ

答　當時私ハ只今オ讀聞ケノ通リ述ヘタ事ハ相違アリマセヌカ今日ハ見解ヲ異ニシテ居リマスカラ私ノ兩角豫審判事ニ申上ケタ事ハ取消シテ戴キマス其理由ハ當時迄ハ私ハ精神ハ理解サレストモ我々ノ行動ニ對シテハ曩ニ所謂神兵隊事件ニ付東京地方裁判所ニ於テ吉本豫審判事ニ私カ申上ケタ豫審調書ノ私ノ供述ノ記載並ニ同豫審判事ノ豫審終結決定書中ニ掲ケテアル事實ノ記載モ共ニ良ク描寫シテアルト考ヘタノテ之レヲ認メマシタカ然シ克ク考ヘテ見マスト我々ノ行動ト精神トハ不

離一体テ我々ノ精神カ理解サレネハ我々ノ遣ツタ行動モ良ク理解サレマセヌカラ兩角豫審判事ノ豫審調書ノミナラス吉本豫審判事ノ豫審調書モ共ニ全面的ニ取消ス事ニ致シマス

三 問 檢事總長ノ起訴ニ係ル豫審請求書記載ノ公訴事實ニ對シテハ被告ハ如何ニ考ヘテ居ルカ

答 檢事總長ノ起訴狀モ吉本豫審判事ノ豫審終結決定書モ共ニ之レヲ克ク讀ンテ見ルト其中ニハ全般的ニ渉ツテ我々ヲ起訴シタ檢事總長並ニ斯カル決定ヲシタ豫審判事カ皇道精神ニ徹シテ居ラヌ事カ判ルカラ單ニ朝憲紊亂ト云フ點丈ケテハ無ク全面的ニ之レヲ認メル事ハ出來マセヌ

四 問 從來ノ豫審ノ取調ノ怎ノ點カ惡イノカ

答　怎ノ點ト云フ譯テモナイカ從來ノ豫審ノ取調中ニハ強イテ內亂豫備罪ニ事件ヲ持ッテ行カウト誘導シタモノモアリ取調ヘヲナサル豫審判事ノ精神カ眞ニ皇道ニ徹シタ方テアルナシハ其取調方法態度ニ付イテモ異ナルモノカアラウト思ハレマス夫レテ私ハ從來ノ豫審ノ供述ヲ否定シテ新ニ申述ヘタイト思ヒマスカ今直チニ貴官ニハ申述ヘラレマセヌ

五　問　然ラハ被告ハ當職ノ訊問ニ應セヌト云フノカ

答　未タ貴官カ　天皇意識ニ徹シテ居ラレルカ否カ私ニハ判然ト認メラレナイカラ貴官カ　天皇意識ニ徹シテ居ラレル方ト私ニ判然ト認メラレル迄ハ御答ヘカ出來マセヌ私カ神兵隊參加當時ニ於テ破壞後ノ建設工作ニ付イテ如何ニ認識シテ居タカト云フ事及私ノ現在ノ心境

等ニ付イテモ現在ノ儘テハ御答ヘ致シマセヌ其外何ヲ
御訊ネニナッテモ私ハ申上ケ度クアリマセヌ

被告人　黒　江　直　光

右讀聞ケタル處無相違旨申立署名拇印シタリ
昭和十一年六月十七日於大阪地方裁判所作之
大審院特別權限ニ屬スル被告事件豫審掛
東京刑事地方裁判所
裁判所書記　元　吉　保　之　輔
豫審判事　大　城　朝　申

右謄本也
昭和十一年六月二十六日

東京刑事地方裁判所
裁判所書記

第二回訊問調書

被告人　太田覺

右被告人ニ對スル刑法第七十八條ノ罪被告事件ニ付昭和十一年六月十八日東京刑事地方裁判所ニ於テ

大審院特別權限ニ屬スル被告事件豫審掛

豫審判事　藤山富一

裁判所書記　山本茂

列席ノ上豫審判事ハ前回ニ引續キ右被告人ニ對シ訊問ヲ爲スコト左ノ如シ

一問　前回ノ供述ハ事實相違ナイカ

答　前回兩角豫審判事殿カラ御調ヲ受ケマシタ際アル程度マテノ御答ヘヲ致シマシタ

ソシテ夫レ以上ハ改メテ申上ケル事トシテ其ノ陳述ノ

時期ヲ後日ニ約シテ置キマシタ

二問　其ノ改メテ申述ヘ度イト云フノハ如何樣ナ事柄カ

答　夫レハ今日ニ於テモ尚申上クヘキ時期カ參ツテ居リマセヌ

私ハ貴官カラ今回御呼出シヲ受ケテ更ニ泌々考ヘマシタ

私等ノ精神卽チ

日本國體ノ本然ノ姿テアル親ト子、此ノ絕對ノ境地ニ十分ナル御理解カアツテ御話シ下サルナラハ其ノ時ハ私ノ方カラ貴官ノ魂ノ中ニ飛ヒ込ンテ申上ケマス

貴官トハ今日初對面テアリマシテ貴官御自身カ私ノ申上ケル親ト子ノ姿、此ノ絕對ノ境地ト云フ事ニ御理解カアルカ否カ判明致シマセヌ

尙私自身モ亦現在修養ノ途上ニアッテ實ニ遣ル瀨ナイ氣持ヲ抱イテ居ルノテアリマス
此ノ私ノ考ヘハ決シテ學問カラ來タモノテハアリマセヌ
何物ニモ替ヘ得ナイ私ノ尊イ苦イ體驗カ私ニ指圖シテ居ルノテス
左レハ今後何ノ時ニカ私カ貴官ノ魂ノ中ニ飛ヒ込ンテ此ノ遣ル瀨ナイ氣持ヲ申上ケル時カ必ス來ルモノト私ハ考ヘテ居リマス
此ノ氣持ヲ御諒解下サッテ今暫ク私ニ對スル訊問ヲ猶豫シテ頂キ度イト思ヒマス

三問　夫レテハ現在ニ於テハ當職ノ訊問ニ對シテ答辯スル事ハ出來ナイカ

答
現在ノ狀況ニ於テハ遺憾乍ラ答辯致シ兼ネマス
乍併オ互イカ神聖ナル
天皇陛下
卽チ吾々ノ絕對ノ父ノ赤子デアル以上必スヤ魂ト魂ト
相觸レテ語ルマイトシテモ語ラスニ居レナイ時期カ
來ルモノト私ハ確信シテ居リマス
其ノ時期マテ御答ヘヲ猶豫シテ頂キ度イノテアリマス

被告人　太田　覺

右讀聞ケタル處無相違旨申立署名捺印シタリ

昭和十一年六月十八日於東京刑事地方裁判所作之

大審院特別權限ニ屬スル被告事件豫審掛
東京刑事地方裁判所
裁判所書記　山本　茂

豫審判事　藤山富一

右謄本也

昭和十一年六月二十二日

東京刑事地方裁判所

裁判所書記

第二回訊問調書

被告人　森川長孝

右被告人ニ對スル刑法第七十八條ノ罪被告事件ニ付昭和十一年六月十八日東京刑事地方裁判所ニ於テ

大審院特別權限ニ屬スル被告事件豫審掛

豫審判事　藤山富一

裁判所書記　山本茂

列席ノ上豫審判事ハ前回ニ引續キ右被告人ニ對シ訊問ヲ爲スコト左ノ如シ

一問　前回兩角豫審判事ニ對シテ申立テタ供述ニ變リハナイカ

答　其ノ訊問ニ對スル答辯ノ代リニ私ノ現在ノ決意ヲ一言シマス

私ハ此ノ所謂神兵隊事件ニ關シ從來

吉　本

岡　田

兩　角

各豫審判事ノ訊問ニ應シテ說明シテ參リマシタ然ルニ同判事等ハ自ラカ

天皇意識

國體意識ニ悟徹シテ居ナイ人物ナルカ爲メニ此ノ昭和皇道維新ヲ目的トシタル神兵隊事件ノ眞相ヲ理解シ得ス、隨ツテ歪曲シタル豫審調書ヲ作成シテ居ルモノト認定シマス

夫レ故ニ過去ニ於ケル私ノ陳述ハ此ノ際全部取消シマス

二問　當職ノ訊問ニ對シテハ應答スルカ

答　遺憾乍ラ貴官ノ訊問ニ對シテモ此ノ儘テハ應スル事ハ出來マセヌ

私ハ貴官トハ今日初對面テアリマスカラ貴官ノ思想信念ハ判明致シマセヌカ若シ貴官モ亦兩角豫審判事等ト一連ノ立場ニ在ツテ取調ニ當タラレルナラハ貴官ノ訊問ニハ應スル事ハ出來マセヌ

此ノ事件ヲ內亂豫備罪ト云フ樣ナ罪名ノ下ニ取調ヘラレントスル其ノ事自體カ貴官ニ於テモ

天皇意識　國體意識ニ目覺メテ居ラレナイノテハナイカト云フ疑念ヲ私ハ抱イテ居リマス

夫レ故ニ今日ノ狀態ニ於テハ貴官ノ訊問ニ應スル事ハ出來マセヌ

二

乍併私ハ徒ニ此ノ事件ノ審理ヲ永引カセント意圖スル
モノテハアリマセヌ
此處ニ眞ニ
皇道精神ニ悟徹シタル裁判官アリテ吾々ヲ審理セラレ
ントスルナラハ吾々ハ喜ンテ齋戒沐浴シテ潔ク其ノ御
訊問ニ應スル覺悟ヲ持ツテ居ルモノテアリマス

被告人　森川長孝

右讀聞ケタル處無相違旨申立署名拇印シタリ

昭和十一年六月十八日於東京刑事地方裁判所作之

大審院特別權限ニ屬スル被告事件豫審掛

東京刑事地方裁判所

裁判所書記　山本茂

豫審判事　藤山富一

右謄本也

昭和十一年六月二十二日

東京刑事地方裁判所

裁判所書記

三

第二回訊問調書

被告人　小池銀次郎

右被告人ニ對スル刑法第七十八條ノ罪被告事件ニ付昭和十一年六月十九日東京刑事地方裁判所ニ於テ

大審院特別權限ニ屬スル被告事件豫審掛

豫審判事　藤山富一

裁判所書記　山本茂

列席ノ上豫審判事ハ前回ニ引續キ右被告人ニ對シ訊問ヲ爲スコト左ノ如シ

一問　前回兩角豫審判事ノ訊問ニ對シ本件神兵隊ノ計畫ニ參加シタ當時ニ於ケル其ノ計畫ノ目的ニ付テノ認識ニ關スル陳述ヲ留保シタ趣旨ノ供述ヲシテ居ル樣テアルカ其ノ點如何

答　先般兩角豫審判事ノ御訊問ノ際私ハ血壓カ非常ニ高イ爲メニ陳述ニ困難ヲ感シマシテ訊問ヲ打切ツテ頂キマシタ

今日ニ於テモ私ノ健康狀態ハ其ノ當時ト同樣テアリマシテ實ハ是カラ醫師ノ治療ヲ受ケニ行ク處ナノテス

元來腎臟病ニ原因シタ血壓ノ高昇テアリマシテ只今モ其ノ爲メニ非常ニ肩カ張リ殊ニ右眼ハ殆ト失明ノ狀態ニ爲ツテ居リマス

二問　夫レテハ今日當職ノ訊問ニ對シテモ應答ハ困難テアルカ

答　左樣テス

前回ト同樣只今御訊問ニ應シテ答辯致シマス事ハ私ニ於テ殆ト不可能テアリマス

殊ニ御訊問ノ事項ハ非常ニ重大ナ事テアリマシテ私ト
シテモ努メテ明朗ナ心境ニ於テ陳述致シ度イト存シマ
スルノテ折角御呼出ヲ受ケテノ御訊問テハアリマスカ
只今ノ狀態ニ於テハ應答致シ兼ネマス

被告人　小池銀次郎

右讀聞ケタル處無相違旨申立署名拇印シタリ

昭和十一年六月十九日於東京刑事地方裁判所作之

大審院特別權限ニ屬スル被告事件豫審掛

東京刑事地方裁判所

裁判所書記　山本茂

豫審判事　藤山富一

右謄本也

昭和十一年六月二十二日

東京刑事地方裁判所

裁判所書記

第二回訊問調書

被告人　芥川治郎

右被告人ニ對スル刑法第七十八條ノ罪被告事件ニ付昭和十一年六月十九日大津地方裁判所ニ於テ

大審院特別權限ニ屬スル被告事件豫審掛

豫審判事　大城朝申

裁判所書記　元吉保之輔

列席ノ上豫審判事ハ前回ニ引續キ右被告人ニ對シ訊問ヲ爲スコト左ノ如シ

一問　氏名年齡職業住居本籍出生地等ニ變リハナイカ

答　年齡ハ當二十八年

職業ハ貴生川驛賣店賣子テアリマス

其他ハ前回通リテ變リハアリマセヌ

二問　前回兩角豫審判事ニ對シ申立テタ事ハ間違ヒナイカ

答　間違ヒアリマセヌ

三問　前回ノ被告ノ供述ハ斯樣ニナツテ居ルカ如何

此時豫審判事ハ昭和十年十二月二十五日付被告人ニ對スル兩角豫審判事ノ訊問調書ヲ讀聞ケタリ

答　前回私カ兩角豫審判事ニ申上ケタ事ハ只今オ讀聞ケノ如ク全部相違アリマセヌ

私カラハ別ニ申上ケル事ハアリマセヌ

四問　被告ハ前回神兵隊ノ企圖スル建設工作ヲ達成スルニハ大詔ノ煥發ヲ奏請シテ憲法ノ效力ヲ一時停止シ同時ニ宮樣ヲ中心トスル非常時强力內閣ヲ樹立シ之レヲ中心ニ國家改造ヲ行ツテ新政治機構ヲ組織シ神武創國ノ精神ニ則ツテ憲法ヲ始メトシ法律、政治、經濟、敎育其ノ他諸制度ヲ根本的ニ改革シナケレハナラヌト考ヘテ居タ樣ニ申述ヘテ居ルカ然ラハ被告ハ右神兵隊ニ參加當時ニ於テ現行帝國憲法中如何ナル章條カ改正セラレネハナラヌモノト考ヘテ居タカ

答

私ハ神兵隊計畫ニ參加當時ニ於テ神兵隊ノ目的トスル一君萬民祭政一致ノ皇道政治ヲ確立シ昭和維新ノ斷行ヲ實現センカ爲ニハ其ノ過程ニ於テハ一時現行帝國憲法ヲ停止シ宮樣ヲ中心トスル非常時強力內閣ヲ樹立シ新シイ政治經濟機構ヲ組織シテ神武創國ノ精神ニ則ツテ國家改造ヲ行ツテ行カネハナラヌ夫レニ付イテハ結局現行帝國憲法ヲモ改正セネハナラヌモノト考ヘテ居リマシタカ當時其ノ如何ナル章條カ改正セラレネハナラヌカハ深ク研究シタ事モナイノテ良ク判リマセヌカ

二

私カ神兵隊計畫參加當時國家改造ニ付イテ考ヘテ居タ事ト現行帝國憲法ノ規定トヲ照シ合セテ私ノ當時ノ改革意見ヲ以テ現行帝國憲法ノ改正ニ付私ノ考ヘヲ申述ヘテ見マスト

第一章

天皇ニ關スル御規定ハ之レハ萬古不易改正セラルヘキモノテハアリマセヌ

第二章

臣民ノ權利義務ニ付イテハ私ハ重工業ノ如キ重要產業ハ之レヲ國營ニ移シテ從業員ヲ組合制度ニシ利潤ノ一部ヲ組合員ニ分配セネハナラヌモノト考ヘテ居リマスシ又現在ノ金融業ヤ交通、運輸業等ハ國家ノ强制管理ノ下ニ移サネハナラヌト思ツテ居リマスシ又現在社會ノ貧富ノ懸隔カ餘リニ甚シクアリマスノテ所有權其ノ他ノ私有財産ニハ一定ノ限度ヲ定メ例ヘハ個人所有ノ財産ノ最高限度ヲ五十萬圓トスルト云フ風ニ制限セネハナラヌモノト考ヘテ居リマス

尙土地ハ最後ニハ凡テ之レヲ奉還シテ國家管理ノ下ニ置キ各個人ニハ一戸ニ付一軒ノ住宅ヲ與ヘ而モ無制限ナ厖大ナ邸宅ヲ構ヘル事ヲ禁止シ農村ノ耕地モ一先ツ

天皇

ニ奉還シテ更ニ各個人ハ一樣ニ一人前ノ割宛ノ耕地ヲ戴ク事ニ仕度イノテアリマス

從ツテ憲法第二十七條ノ所有權ノ規定抔ハ當然改正セラルヘキモノト考ヘテ居リマス

第三章
帝國議會ニ關スル規定ニ付イテハ現在ノ政黨ヲ認メス衆議院ハ之レヲ職能代表トセネハナリマセヌ貴族院モ現在テハ政黨ノ傀儡カ多イカラ之レモ亦適當ニ改革セラレネハナラヌト思ヒマス
第四章
ノ國務大臣及樞密顧問ニ關スル規定ニ付イテハ内閣官制モ適當ニ改廢セラレ樞密院モ亦然ル可ク改革セラル可キモノテアルト考ヘテ居リマスカ具體的ノ改革意見ハ別段研究モシテ居リマセヌカラ申上兼ネマスカ唯私カ神兵隊計畫ニ參加當時ノ考ヘテハ現在ノ宗教ハ欺瞞的宗教テアリ金ヲ取ルノカ目的トナツテ居ルカラ宜シク日本主義ニ依リ祭政一致ノ目的ヲ遂ケル爲ニハ例ヘハ

宗教省ノ如キ一省ヲ設置シ祭祀宗敎ヲ管掌吟味サセタ方カ良カラウト考ヘタノテアリマス

第五章

司法ニ關スル規定ニ付テハ現在ノモノテ宜敷ク別ニ改革意見ハアリマセヌ

五問　本件ハ內亂豫備罪ト云フ嫌疑テ檢事總長ヨリ起訴セラレテ居ルカ之レニ對シテ意見辯解ハナイカ

此時豫審判事ハ被告人ニ對シ本件嫌疑ノ原由ヲ告ケタリ

答　私ハ國ヲ愛スル爲ニ自分カ正シイト考ヘタ事ヲ遣ツタ迄テアリ私利私慾ノ爲ニ行動シタモノテハナイノテ私達ノ行動ヲ內亂ト目セラレルノハ如何カト思ツテ居リマス私ハ當時改革ヲスル道程トシテハ直接行動モ亦已ムヲ得ナイト考ヘ國家ノ爲正シイト信シテ參加シタノ

テアリマス

六問　現在ノ心境ハ如何

答　私利私慾ノ爲テ無ク國ヲ念フ爲ニ遣ツタノテアリマスカラ恥ル處ハナイノテアリマスカ自分達ノ遣ツタ行動トシテハ世間ヲ騷カシ眞ニ相濟マヌト思ツテ居リマス今後ハ生産黨トモ國家社會黨トモ關係ヲ斷チ其ノ他ノ團體ニモ加入セス非合法運動ハ絶對ニ止メ唯働イテ自分ノ職ヲ務ムル事ニ依リ愛國運動ノ精神ヲ如實ニ示シテ行キ度イト考ヘテ居リマス

七問　他ニ申述ヘル事ハナイカ

答　外ニハ事件ニ付イテ私カラ申上ケル事ハアリマセヌ

被告人　芥　川　治　郎

右讀聞ケタル處無相違旨申立署名拇印シタリ

昭和十一年六月十九日於大津地方裁判所作之
大審院特別權限ニ屬スル被告事件豫審掛
東京刑事地方裁判所
裁判所書記　元吉保之輔
豫審判事　大城朝申

右謄本也
昭和十一年六月二十五日
東京刑事地方裁判所
裁判所書記

第二回訊問調書

被告人　中野勝之助

右被告人ニ對スル刑法第七十八條ノ罪被告事件ニ付昭和十一年六月二十二日水戸地方裁判所土浦支部ニ於テ

大審院特別權限ニ屬スル被告事件豫審掛

豫審判事　藤山富一

裁判所書記　山本茂

列席ノ上豫審判事ハ前回ニ引續キ右被告人ニ對シ訊問ヲ爲スコト左ノ如シ

一問　前回兩角豫審判事ニ對シテ申述ベタ事ニ變リハナイカ

答　昨年十一月私ガ未ダ豐多摩刑務所ニ收容サレテ居タ當時

兩角豫審判事

カラ御調ヲ受ケテ私カラ申述ベタ事ハアノ通リ相違アリマセヌ
然シ私ハ此ノ事件ガ内亂豫備罪トシテ起訴セラレタ事ニ付テ一言申上ゲ度イノデス
私ハ此ノ事件當時ニ於テハ學力モ無ク法律智識モ持タナカツタノデ内亂豫備罪トカ朝憲紊亂トカ云フ法律語ガ如何樣ナ意味ヲ持ツモノカ勿論存ジマセヌデシタ
然シ朝憲紊亂ト謂ヘバ
天皇陛下ニ對シ奉ツテ弓ヲ引クト云フ意味ニ違ヒナイト考ヘマス
私達ノ行動ヲ左樣ナ朝憲紊亂ト解セラルヽナラバ私ノ信念トハ全然相反シタ事ニ爲リマス
私ハ

天皇陛下ヲ擁護シ奉ルト云フ熱烈ナル信念ノ下ニ於テコソ此ノ神兵隊事件ノ計畫ニ加ハツタモノデアリマシテ不忠ノ臣ト爲ルガ如キ行動ヲ執ツタ覺ヘハ毛頭アリマセヌ

私ハ曩ニ

吉本豫審判事カラ此ノ事件ニ付テ數回ノ訊問ヲ受ケテ私ノ關係シタ範圍ニ於ケル事實ヲ有体ニ申述ベタノデアリマスガ若シ其ノ陳述ガ右ノ如キ朝憲紊亂ト云フ様ナ意味ニ於テ聽取ラレテ居ルナラバ私ハ此ノ際從來ノ陳述ヲ全部取消シマス

二問　此ノ神兵隊ノ計畫ニ參加シタ當時此ノ計畫ノ目的達成ノ爲メニハ結局帝國憲法ノ改正ヲモ要スルモノト考ヘ

テ居タカ

答　其ノ點ニ付テハ斯樣ニ申上ゲ度イノデス

私ハ右申シマス樣ニ元來學問ノ無イ人間デスケレドモ

此ノ神兵隊ノ計畫ハ此ノ世ノ中ノ改善ヲ目的トスルト

云フノデスカラ勿論憲法モ何等カノ形ニ於テ其ノ内容

ガ變更サレルデアラウト云フ程度ノ考ヘハ其ノ當時持

ツテ居リマシタ

然シ其ノ内容ガ如何ニ改正サレルモノデアルカト云フ

具体的ナ事ニ付テハ正確ナ考ヘヲ持ツテハ居リマセヌ

デシタ

三問　現在如何樣ナ考ヲ抱イテ居ルカ

答　私ハ一死國ニ殉ズル覺悟ヲ以テ此ノ神兵隊ニ參加シタ、

モノデアリマシテ此ノ神兵隊ノ計畫シタル目的カ正シ

イモノデアルトノ信念ニ於テハ現在モ此ノ事件參加當

時ト變リハアリマセヌ

而シテ其ノ後刑務所ニ收容中ニ於テ又釋放後

鈴木先生

ノ許ニ於テ勉强修養致シマシテ此ノ事件ガ朝憲紊亂或

ハ内亂豫備罪トシテ取扱ハレル事ニ付テハ現在非常ナ

不平ヲ持ッテ居リマス

此ノ時本件犯罪ノ嫌疑ヲ受ケタル原由ヲ告知シタル上

四問　辯解スル事ハナイカ

答　只今申上ゲタ以外ニ辯解ハ有リマセヌ

被告人　中野勝之助

右讀聞ケタル處無相違旨申立署名拇印シタリ

昭和十一年六月二十二日於水戸地方裁判所土浦支部作之

大審院特別權限ニ屬スル被告事件豫審掛

東京刑事地方裁判所

裁判所書記　山本茂

豫審判事　藤山富一

右謄本也

昭和十一年六月二十五日

東京刑事地方裁判所

裁判所書記

訊問調書

被告人　天　野　辰　夫

右被告人ニ對スル刑法第七十八條ノ罪被告事件ニ付昭和十一年
六月二十二日東京刑事地方裁判所ニ於テ
大審院特別權限ニ屬スル被告事件豫審掛
豫審判事　兩　角　誠　英
裁判所書記　西　田　秀　吉
列席ノ上豫審判事ハ被告人ニ對シ訊問ヲ爲スコト左ノ如シ
一問　氏名、年齢、職業、住居、本籍及出生地ハ如何
答　氏名ハ　天　野　辰　夫
年齢ハ　當　四　十　五　年
職業ハ　辯　護　士
住居ハ　東京市四谷區番衆町百二十七番地鈴木啓藏方

本籍ハ　濱松市廣澤町二百九十九番地
出生地ハ　松江市外中原百五番屋敷
二問　今回檢事總長ハ被告人等ニ對シ斯樣ナ事實ニ付刑法第七十八條ノ罪被告事件トシテ大審院ニ豫審ヲ請求シタルカ之ニ付被告人ヨリ陳述スル事カアルカ
此ノ時豫審判事ハ被告人ニ對シ檢事總長ノ起訴ニ係ル豫審請求書記載ノ公訴事實ヲ讀聞ケタリ
答　貴官ハ今尙私ニ對スル勾留ノ效力ヲ維持シテ居ラレマスカ現在私ニ對スル勾留ノ原由ハ存在シテ居リマセヌカラ貴官ハ當然決定ヲ以テ勾留ヲ取消サルヘキモノテアルト主張致シマス其ノ取消決定カ爲サレル迄本件ニ關シテハ何モ陳述致シマセヌ
其ノ理由ハ勾留ヲ繼續サレテ居リマス間ハ遺憾乍ラ貴

官ヲ以テ眞實ナル　天皇ノ司法官ト崇メマシテ謹ンテ御調ヲ受ケル譯ニハ參ラヌカラテアリマス　其ノ人カ誰テアレ其ノ時カ何時テアレ眞ニ　天皇ノ近衛兵タル司法官テアリマシタナラハ謹ンテ御調ヲ受ケマス惟フニ近代ノ司法部ハ本來　天皇ノ司法部タルヘキ本質ヲ有スヘキテアルニ拘ラス現實ニ之ヲ見ルトキハ皇國体ノ儘ナル　天皇ノ御本質ヲ防護シ奉ルノ實ナク皇國体原理ト皇國体事實トヲ確立保障スルノ實モナイ狀態テアリマス　今一、二ノ例ヲ申シマスレハ今日ノ司法官ハ多ク國家法人說天皇機關說ヲ信奉セルモノヽ如クテアリマス　從ツテ小原司法大臣光行檢事總長ノ時代ニ現ニ　天皇機關說論者ハ之ヲ處罰セサルノ方針カ樹立サレテ居リマス　或ハ又　天皇ノ司法官タルノ自覺ナク多クハ單ニ自己ノ生活又ハ榮達ノ爲ニスル一職業タルノ心情テアリ少クトモ國家ノ官吏タルノ自覺ノ境地ニシカアリマセヌ從ツテ現實ニ二・二六事件勃發ノ際同件ニ關スル指揮命令權ヲ有スル檢事總長ハ當日居所不明テアリ而シテ轉々トシテ居所ヲ移シテ其ノ職務遂行上ニ重大ナル支障ヲ來シタト傳ヘラレテ居リマスソシテ少壯檢事ハ之カ糺彈ヲ敢テ致シテ居リマス而モ之ニ關シテ其ノ何レニ對シテモ何等ノ處置モ執ラレテ居リマセヌ而シテ司法官中皇國体ノ儘ナル　天皇ノ御本質ヲ防護シ奉リ　天皇ノ司法官タル本領ヲ發揮センカ爲ニ右ノ問題ニ對シテ蹶起シタル人々ノアリヤ否ヤヲ聞カサルトコロテアリマス私ハ一切ノ出來事ニ關スル善惡正邪理非曲直大義名分ヲ決スル絕對法則ハ

之ヲ皇國体原理ト皇國体事實トニ求メネハナラヌト確信シマスルカ故ニ眞ニ　天皇ノ司法權ノ運用行使ヲ皇道ニ即シタルモノタラシムルコトコソ御奉公ノ第一義テアルト確信シテ居リマス　例ヘハ右申述ヘマシタ勾留取消ノ問題ニ付テモ同様テアリマシテ私共ハ憲法ニ依テ法律ニ依ルニ非スシテ逮捕監禁セラレサルノ地位ヲ保障セラレテ居ルノテアリマス從ツテ逃亡證據湮滅等ノ事實アリテ其ノ事實ニ根據シテ法ノ適用發動ニ依リ勾留シ又ハ勾留ヲ繼續スルコトコソ正シキ法ノ適用テアリマシテ結果ヲ豫想シテ之ニ法ヲ曲ケテモ適用スルカ如キハ　天皇ノ司法官ノ　天皇ノ大御心ヲ体得シテ爲スヘキ行爲ニ非スト確信致シマス

私ノ信スルトコロニ依テ皇國体原理ト事實トニ即シテ

三

現狀ヲ見マスナラハアラユル反國体非國体的現象ト事實トノ存在ニ依テ充滿サレテ居ル現狀ニ拘ラス即チ例ヘハ　天皇機關說カ定說輿論ヲ爲シテ皇國体ノ儘ナル天皇ノ御本質ヲ無視否定シツヽアルニ拘ラス又ハ民主主義的政治原理即チ民政主義又ハ議會主義政黨政治論等カ憲政ノ常道ト爲ツテ皇國体ノ儘ナル　天皇政治ヲ無視蹂躙シ奉ルノ現狀ナルニ拘ラス斯クノ如キ國体無視ノ現狀ヲ維持スルコトヲ以テ朝憲ヲ確保シ治安ヲ維持スルモノト概念的誤謬思想ノ下ニ行動シツヽアル現代日本司法部ハ皇國体無視ニシテ所謂現代北條幕府的存在ナル支配的存在ノ司法官タルモノニ外ナラスト斷言セサルヲ得ナイノテアリマス

此ノ故ニ私ハ　天皇ノ司法官ニ非スシテ實ハ幕府ノ司

法官タル幕吏的存在ノ取調ハ其ノ人カ何人テアラウト
モ之ヲ拒絶セサルヲ得ナイノテアリマス
右申述ヘル如クテアリマシテ不當ナル勾留ヲ繼續シツ
ツアル司法官ハ之レ卽チ名實共ニ　天皇ノ司法官ニ非
サル存在ト申サネハナリマセヌ眞ニ　天皇ノ司法官テ
アリマスナラハ大御心ニ卽シ憲法ノ精神ニ則ツテ不當
ナル法律ノ濫用ハ之ヲ是正シ而シテ法律ノ命スルトコ
ロニ從ツテ正當ナル御處置コソ然ルヘキテアルト信シ
テ疑ハサルモノテアリマス
此ノ故ニ私ハ先ツ不當ナル勾留ヲ取消サレテ正シキ法
律的ノ御處置ノアリマス迄ハ本件ニ關シテ何事モ御答
申サヌト云フ次第テアリマス

被告人　天野辰夫

右讀聞ケタル處無相違旨申立署名捺印シタリ

昭和十一年六月二十二日於東京刑事地方裁判所作之

大審院特別權限ニ屬スル被告事件豫審掛

東京刑事地方裁判所

裁判所書記　西田秀吉

豫審判事　兩角誠英

右謄本也

昭和十一年六月二十四日

東京刑事地方裁判所

裁判所書記

四

第二回訊問調書

被告人　佐藤守義

右被告人ニ對スル刑法第七十八條ノ罪被告事件ニ付昭和十一年六月二十三日東京刑事地方裁判所ニ於テ

大審院特別權限ニ屬スル被告事件豫審掛

豫審判事　大城朝申

裁判所書記　小島力

列席ノ上豫審判事ハ前回ニ引續キ右被告人ニ對シ訊問ヲ爲スコト左ノ如シ

一問　前回被告カ兩角豫審判事ニ申述ヘタ事ハ間違ヒナイカ

答　前回私ハ兩角豫審判事ヲ　天皇ノ司法官ト信シテ御答ヘシマシタカ其後ニナツテ考ヘテ見ルト同豫審判事ハ天皇ノ司法官ト認メラレヌカラ今迄ノ陳述ヲ取消シ其

調ヲ拒否セント思ツテ居タ處今度幸ニモ貴官カ豫審判事ニナラレタカラ貴官ニ其事ヲ申上ケテ置キマス

然シソレト同時ニ貴官モ矢張リ今日兩角豫審判事同樣　天皇ノ司法官ト認メル事カ出來マセヌ貴官カ眞ニ皇道意識ヲ持チ　天皇ノ司法官タル自覺ニ到達スル迄ハ貴官ノ訊問ニハ御答ヘ致シマセヌ

二問　何故　天皇ノ司法官ト認メラレヌカ其理由ハ如何

答　其理由ハ何レ後テ申上ケ樣ト思ヒマス今此處テハ云ヘマセヌ只其一ツノ理由トシテ申上ケテ見マスト吾々ハ獄中テ前田虎雄氏ヲ通シ吾々カ逃亡及證據湮滅ノ虞ナキニ拘ラス不當ナル勾留ヲ續ケラレテ居ルカラ其不當ナル勾留ヲ取消スヘシト要求致シマシタ然ルニソレニ對シ何等ノ沙汰モ無ク貴官カ眞ニ　天

皇ノ司法官ナラハ不當ナル勾留ヲ取消サスシテ取調ヘヲスル事ハ出來ナイ筈テアリマス故ニ貴官モ亦現代北條幕府的支配階級ノ幕吏タル態度ナリト思ハレルノテアリマス

私ハ此不當ナ勾留ヲ取消ス事ヲ要求致シマス

三問　檢事總長ノ起訴ニ係ル豫審請求書記載ノ公訴事實ニ對シ如何ナル意見ヲ持ツテ居ルカ申述ヘラレナイカ

答　其意見ハ今ハ答ヘラレマセヌ

今日及今後モ貴官カ皇道意識ニ徹セラルル迄ハ絕對ニ御訊問ニ御答ヘ出來マセヌ

被告人　佐藤守義

右讀聞ケタル處無相違旨申立署名拇印シタリ

昭和十一年六月二十三日於東京刑事地方裁判所作之

大審院特別權限ニ屬スル被告事件豫審掛

東京刑事地方裁判所

裁判所書記　小島　力

豫審判事　大城朝申

右謄本也

昭和十一年七月八日

東京刑事地方裁判所

裁判所書記

第二回訊問調書

被告人　白井為雄

右被告人ニ對スル刑法第七十八條ノ罪被告事件ニ付昭和十一年六月二十四日東京刑事地方裁判所ニ於テ

大審院特別權限ニ屬スル被告事件豫審掛

豫審判事　藤山富一

裁判所書記　山本茂

列席ノ上豫審判事ハ前回ニ引續キ右被告人ニ對シ訊問ヲ爲スコト左ノ如シ

一問　兩角豫審判事ニ對シテ前回陳述シタ事ハ事實相違ナイカ

答　貴官ニ初對面ノ私ガ斯様ナ事ヲ申上ゲルノハ遺憾ニ存ジマスケレドモ只今ノ狀態ニ於テハ貴官ノ御訊問ニ應

白井

スル事ハ出來マセヌ

二問　其ノ理由ハ

答　要スルニ貴官ガ

皇道意識ニ目覺メテ居ラレルカ否カト云フ點ガ私ニ判明シナイカラデス

此ノ神兵隊事件ノ審理ヲサレントスルナラバ尊皇絶對ノ境地ニ御理解ガナケレバナリマセヌ

貴官ガ其ノ點ニ於テ果シテ吾々ノ要求スルガ如キ思想内容ヲ抱持シテ居ラレルカ否カ現在ニ於テハ私ニハ判明シナイ事デス

夫レ故ニ只今貴官ノ御訊問ニ應答スル事ハ出來マセヌ

但シ他日貴官ガ

皇道精神ニ悟徹シテ居ラレルト云フ事ガ判明致シマシ

タ曉ニ於テハ喜ンデ御訊問ニ應ジマス

三問　夫レデハ今日當職ノ訊問ニハ絶對ニ應スル事ハ出來ナイカ

答　寔ニ遺憾ナガラ御訊問ニ應答スル事ハ出來マセヌ

被告人　白井爲雄

右讀聞ケタル處無相違旨申立署名捺印シタリ

昭和十一年六月二十四日於東京刑事地方裁判所作之

大審院特別權限ニ屬スル被告事件豫審掛

東京刑事地方裁判所

裁判所書記　山本茂

豫審判事　藤山富一

右謄本也

昭和十一年六月二十五日

東京刑事地方裁判所

裁判所書記

第二回訊問調書

被告人　黒澤次雄

右被告人ニ對スル刑法第七十八條ノ罪被告事件ニ付昭和十一年六月二十五日前橋地方裁判所高崎支部ニ於テ

大審院特別權限ニ屬スル被告事件豫審掛

豫審判事　藤山富一

裁判所書記　山本茂

列席ノ上豫審判事ハ前回ニ引續キ右被告人ニ對シ訊問ヲ爲スコト左ノ如シ

一問　兩角豫審判事ニ對スル前回ノ陳述ニ變リハナイカ

答　少シモ間違ヒハアリマセヌ

二問　此ノ所謂神兵隊事件ニ參加シタ事ニ付テ只今如何樣ニ考ヘテ居ルカ

答　其ノ事ハ曩ニ
吉本豫審判事ノ御調ヲ受ケテ居ル際私カラ自分ノ考ヘト將來ノ方針ニ付テ申上ゲテ居リマス
アノ通リデス
三問　只今職ニ就テ居ルカ
答　左様デス
高崎市鶴見町十番地鑄物業
八木富次郎方ニ職人トシテ雇ハレ一日五十錢位ノ給料ヲ貰ツテ居リマス
此ノ時本件犯罪ノ嫌疑ヲ受ケタル原由ヲ告知シタル上
四問　何カ辯解シタイ事ハナイカ

答　改メテ私カラ辯解申上ゲル事ハ有リマセヌ

被告人　黑　澤　次　雄

右讀聞ケタル處無相違旨申立署名捺印シタリ

昭和十一年六月二十五日於前橋地方裁判所高崎支部作之

大審院特別權限ニ屬スル被告事件豫審掛

東京刑事地方裁判所

裁判所書記　山　本　　茂

豫審判事　藤　山　富　一

右謄本也

昭和十一年七月六日

東京刑事地方裁判所

裁判所書記

二

第二回訊問調書

被告人　瀧澤利量

右被告人ニ對スル刑法第七十八條ノ罪被告事件ニ付昭和十一年六月二十五日前橋地方裁判所高崎支部ニ於テ

大審院特別權限ニ屬スル被告事件豫審掛

豫審判事　藤山富一

裁判所書記　山本茂

列席ノ上豫審判事ハ前同ニ引續キ右被告人ニ對シ訊問ヲ爲スコト左ノ如シ

一問　目下高崎刑務支所ニ收容サレテ居ルノカ

答　今年六月十七日以來横領恐喝被疑事件ノ被疑者トシテ高崎刑務支所ニ收容サレテ居リマス

二問　其ノ事件ノ內容ハ

答　斯樣ナ譯デス、
神兵隊事件以前卽昭和七年十二月ノ出來事デス
其ノ當時私ノ知人
行本邦彥
ナル者ガ當高崎市ニ於テ其ノ妾ニカフヱーヲ經營サシ
テ居リマシタ
其ノカフヱーノ店ヲ妾ヲ付ケテ他ニ讓渡シタイト云フ
ノデ私ガ仲介致シ一旦賣買契約ガ出來マシタガ後ニ先
方ガ解約シマシタカラ私ガ其ノ解約金ヲ受取ツテ是ヲ
行本ニ渡シマシタ
ソシテ其ノ店ノ後始末ヲ私ガ引受ケテ整理中店ノ道具
ヲ一時他ニ賣却シテ更ニ買戾シタノデス
處ガ其ノ前半ノ解約金受取ガ恐喝ニ問ハレ後半ノ道具

賣却ガ横領ト認メラレテ強制處分ニヨリ收容サレル事ニ爲ツタノデス
實ハ私ハ神兵隊ノ同志トノ連絡ヤ又其ノ裁判ニ付テノ準備ノ爲メニ引續キ東京ニ居住シテ居タカツタノデスケレドモ何分實父ハ既ニ七十九才ノ老年デアリ私自身モ健康ガ勝レナイ爲メニ神兵隊事件ノ釋放ヲ受ケテ後郷里ヘ引返シテ參リマシタ
ソシテ昨年九月妻ヲ迎ヘ、今年正月カラ土木請負業ヲ始メテ折角家庭モ充實シ生活モ安定ヲ得カケテ居タ處ヘ神兵隊事件以前ノ古イ問題ヲ持出サレテ勾引收容サレル事ニ爲リマシタノデ一家ノ整理上又私ノ健康上目下非常ニ困ツテ居ルノデス
此ノ點ヲ御諒解願ツテ何ントカシテ早ク釋放サレ度イ

二

モノト念願致シテ居リマス

三問　扨テ神兵隊事件ニ關スル從來ノ陳述ニ變リハナイカ

答　相違アリマセヌ

昨年十二月　兩角豫審判事ニ對シテ陳述致シマシタ事ハアノ通リ少シモ違ヒアリマセヌ

尚又其ノ以前　吉本豫審判事カラ數回ノ訊問ヲ受ケタ際私ガ申述ヘマシタ事モ事實相違アリマセヌ

四問　現在ノ心境如何

答　此ノ神兵隊事件ハ吾々同志ノ皇道精神ノ發現テアリマ

シテ夫レガ最モ正シイ道テアルトノ私ノ信念及昭和皇道維新斷行ノ機會ヲ中途ニシテ逸シ寔ニ遺憾ニ考ヘテ居ルコト其ノ他私ノ考ハ現在ニ於テモ神兵隊事件當時ト變化ハアリマセヌ

此ノ時本件犯罪ノ嫌疑ヲ受ケタル原由ヲ告知シタル上

五問　何カ辯解スル事ハナイカ

答　改メテ辯解スベキ事ハアリマセヌガ所謂二・二六事件ニ關聯シテ私ガ痛切ニ感ジタ點ヲ一、二申述ベマス

其ノ一點ハ吾々右翼的ノ同志ガ一死報國ノ覺悟ノ下ニ集團結束シ武力ヲ以テ蹶起致シマシテモ現在ノ日本ニ於テハ只徒ラニ重臣等ヲ暗殺スルニ止マリ此ノ日本ノ政体ノ基本的組織ノ改革ハ到底成功ノ見込ミガナイト感ジタ事デス

今一點ハ奉勅命令ノ事デス
二・二六事件ニ際シテ畏多クモ至尊ノ御名ニ於テ御命令ガ發布セラレマシタ
此ノ奉勅命令ハ
至尊御自ラノ御發意ニ違ヒアリマセヌ
天下何人モ之ニ服シナケレバナラヌ絶對無上ノ御命令デス
此ノ御命令ニ服シナカツタ一部軍人ハ不忠ノ臣デアリ國賊デアリマス
乍併斯樣ナ場合ニ君側ノ重臣等ガ
至尊ノ聖明ヲ覆ヒ奉ルガ如キ事ガアリハセヌカ
私等ガ昭和皇道維新ノ實現ヲ斷行シヤウトシテモ最後ハ二・二六事件ト同樣ノ結果ニ終ルノデハアルマイカ

深ク思フテ玆ニ至ルトキ私ノ考ハ行キ詰マリ私ノ止ミ難キ悩ガ生ズルノデアリマス

以上ガ二・二六事件ニ關シテ私ノ痛感シタ事デス

夫レ以外ニ申上ゲル事ハ有リマセヌ

被告人　瀧　澤　利　量

右讀聞ケタル處無相違旨申立署名拇印シタリ

昭和十一年六月二十五日於前橋地方裁判所高崎支部作之

大審院特別權限ニ屬スル被告事件豫審掛

東京刑事地方裁判所

裁判所書記　山　本　　茂

豫審判事　藤　山　富　一

右謄本也

昭和十一年七月四日

東京刑事地方裁判所

裁判所書記

第二回訊問調書

被告人　影山正治

右被告人ニ對スル刑法第七十八條ノ罪被告事件ニ付昭和十一年六月二十五日東京刑事地方裁判所ニ於テ

大審院特別權限ニ屬スル被告事件豫審掛

豫審判事　大城朝申

裁判所書記　元吉保之輔

列席ノ上豫審判事ハ前回ニ引續キ右被告人ニ對シ訊問ヲ爲スコト左ノ如シ

一問　氏名、年齡、職業、住居、本籍及出生地等ニ變リハナイカ

答　年齡ハ當二十七歲

職業ハ參陽新報ノ通信員

住居ハ東京市淀橋區戸塚町一丁目五百八番地
ニ變リマシタ
其他ハ前回通リテアリマス

二問　前回兩角豫審判事ニ對シ被告カ申述ヘタ供述ハ間違ヒ
ナイカ

答　前回兩角豫審判事ニ對シ私カ申上ケタ事ハ否認シマス
其理由ハ兩角豫審判事ハ當時初對面テアリ
天皇
ノ司法官ナリト信シテオ取調ヲ受ケタノテアリマスカ
其後同豫審判事カ
天皇
ノ司法官タラスト認定セサルヲ得ナイ諸事實ニ當面シ
タルカ故ニ私ノ眞意眞情ヲ誤リ無ク理解シ得サリシモ

ノト認ムルカ故ニ其取調ヲ非妥當ナリトシテ全面的ニ
否認致シマス

三問　然ラハ被告ハ檢事總長ノ起訴ニ係ル豫審請求書記載ノ
公訴事實ニ對シテハ如何ナル意見ヲ持ツテ居ルカ

答　檢事總長ノ起訴ニ係ル豫審請求書記載ノ公訴事實ハ全
部否定致シマス
其理由ハ私乃至私共ノ信仰信念ヲ全然理解シテ居ラヌ
ト云フ基礎ノ上ニ立ツテ居ルモノナルカ故ニ其全部ヲ
否定致シマス

四問　曩ニ被告カ所謂神兵隊事件ニ付吉本豫審判事ニ對シ述
ヘタ豫審ノ供述及同豫審判事カ決定シタ管轄違ノ豫審
終結決定書理由ノ部ニ認定セル事實ニ付テハ如何

答　曩ニ東京地方裁判所ニ於テ私ニ對シ吉本豫審判事カ取

二

調ヘタ豫審ノ調ヘノ全部及同豫審判事ニ依ツテ作成セラレタ其豫審終結決定書ノ全部ヲ否認シマス

其理由ハ前述ノ兩角豫審判事及檢事總長ノ起訴狀ニ對シ申述ヘタ事ト同樣テアリマス

五問　此際被告カラ申述ヘ度イ事又ハ補充シテ陳述シテ置キ度イ事ハナイカ

答　私ノ全行爲行動ハ私ノ信念信仰ノ迸リテアリ直接的反映テアルカ故ニ私ノ全行爲行動ヲ誤リ無ク取調ヘテ戴ク爲ニハ先ツ私ノ信念信仰ヲ秋毫誤リ無ク理解体認シタ上テナケレハナリマセヌ私ノ信念信仰ヲ秋毫誤リ無ク理解体認スル爲ニハ

天皇

ノ御本質ト皇國國体ノ眞髓ニ悟達シタモノテナケレハ

ナリマセヌ貴官ハ果シテ
天皇
ノ御本質及皇國國体ノ眞髓ヲ悟達サレタ方テアルカ否
カ現在甚タ疑問テアリマスカラ其點カ明白ニナル迄ハ
一切オ取調ヘヲ受ケマセヌ

被告人　影　山　正　治

右讀聞ケタル處無相違旨申立署名拇印シタリ
昭和十一年六月二十五日於東京刑事地方裁判所作之
大審院特別權限ニ屬スル被告事件豫審掛
東京刑事地方裁判所
裁判所書記　元　吉　保　之　輔
豫審判事　大　城　朝　申

右謄本也

昭和十一年七月七日

東京刑事地方裁判所

裁判所書記

第二回訊問調書

被告人　吉川永三郎

右被告人ニ對スル刑法第七十八條ノ罪被告事件ニ付昭和十一年六月二十六日長野地方裁判所松本支部ニ於テ
大審院特別權限ニ屬スル被告事件豫審掛
豫審判事　藤山富一
裁判所書記　山本茂
列席ノ上豫審判事ハ前回ニ引續キ右被告人ニ對シ訊問ヲ爲スコト左ノ如シ
一問　兩角豫審判事ニ對シテ前回陳述シタ事ニ變リハナイカ
答　事實ノ内容ニ付テハ
兩角豫審判事
岡田豫審判事

ニ對シテ申述ヘタ事ニ聊ノ變リモアリマセヌ

然シ玆ニ私ガ是非共申上ゲネバナラヌ事ハ此ノ神兵隊事件ヲ以テ國ヲ亂ス内亂豫備罪ナリト認定セラレテ居ル事デス

私達ハ

至尊ノ爲メニ一死奉公スル覺悟ノ下ニ行動シタモノデアリマシテ專ラ國ノ爲メ盡シタ事ト思ッテ居リマス

此ノ點ダケハ必ズヤ誤解ナイ様ニ願ヒ度イノデス

二問　現在ノ心境如何

答　私ノ信念ハ此ノ神兵隊事件ノ計畫ニ參加シタ當時ト現在ト聊ノ變化モアリマセヌ

此ノ時本件犯罪ノ嫌疑ヲ受ケタル原由ヲ告知シタル上

三問　他ニ辯解スベキ事ハナイカ

答　別ニ辯解ハ有リマセヌ

被告人　吉　川　永　三　郎

右讀聞ケタル處無相違旨申立署名拇印シタリ

昭和十一年六月二十六日於長野地方裁判所松本支部作之

大審院特別權限ニ屬スル被告事件豫審掛

東京刑事地方裁判所

裁判所書記　山　本　茂

豫審判事　島　山　富　一

右謄本也

昭和十一年七月六日

東京刑事地方裁判所

裁判所書記

第三回訊問調書

被告人　中島勝治郎

右被告人ニ對スル刑法第七十八條ノ罪被告事件ニ付昭和十一年六月二十七日東京刑事地方裁判所ニ於テ

大審院特別權限ニ屬スル被告事件豫審掛

豫審判事　大城朝申

裁判所書記　元吉保之輔

列席ノ上豫審判事ハ前回ニ引續キ右被告人ニ對シ訊問ヲ爲スコト左ノ如シ

一問　是迄兩角豫審判事ニ對シ被告カ申立テタ事ハ間違ヒナイカ

答　間違ヒアリマセヌ

別ニ私カラ補充訂正スヘキ事モ御座イマセヌ

二問　被告ハ神兵隊ノ連中ノ内安田銕之助、天野辰夫ヲ除イテハ誰ヲ知ツテ居タカ

答　神兵隊ノ内右ノ兩名ヲ除イテハ他ノ連中ハ少シモ知リマセヌテシタ最初私ハ其國家改造ノ計畫ハ軍部ノ或有力者カ首腦者トナツテ遣ツテ安田ハ其參謀格テアルト思ツテ居リ天野ハ破壞後ノ建設等ニ付テ安田ノ相談役ニナツテ居ルモノト思ツテ居リマシタソレテ私ハ最初ハ此ノ計畫ハ破壞ノ方ハ陸軍ト海軍トカ協同シテ兎ニ角軍部ノ手テ行ハレルモノト思ツテ居リ民間ノ右傾團ニハ武器カ無イカラ到底民間ノ者ニハ出來ナイト思ツテ居リマシタカ七月七日（昭和八年）午前十一時過安田方ニ行ツタ時ニ其時初メテ民間側ノ者モ出ル豫定ニナツテ居ルト云フ事ヲ安田カラ話シテ聞カサレタノテ

アリマス
私ハ安田ノ紹介ニ依リ天野ニモ昭和八年五六月頃丸ノ内ノ天野ノ事務所ヤ赤坂ノ小春ト云フ待合抔テ三回程會ツテ國家ノ情勢等ニ付論シタ事カアリマシタカ神兵隊計畫ニ付テハ天野カラ何モ聞カサレナカツタノテアリマス

三問　神兵隊計畫カ成功ノ曉ハ所謂宮様內閣カ實現スルモノト思ツテ居タカ

答　左様ニ思ツテ居リマシタ
私ハ安田ニ對シ平沼內閣ヲ主張シ平沼ナラ左傾ノ料理カ出來ルカラ良イト申シ最初ハ安田モ平沼內閣ニ同意シテ居リマシタカ其後ニ至ツテ安田ハ平沼ハ駄目タカラ後繼內閣ノ首班ニハ宮様ヲ推戴シ所謂宮様內閣ヲ造

リ度イト申シテ居リマシタノテ私ハ萬一宮様ヲ推戴シ此レヲ中心トシタ軍部獨裁ノ強力內閣カ出來ルトシテモ後ニハ人民ノ間カラ怨嗟ノ聲ヲ聞カネハナラヌ様ナ事カ起ルカモ判ラヌカ其時ハ累ヲ皇室ニ及ホス事ニナルカラ宮様內閣ト云フ事ニ對シテハ反對致シマシタカ安田ハ私ノ意見ニ賛成シテ呉レヌノテ私モ遂ニ軍部テ宮様內閣ヲ造ツテ遣ルナラハ夫レモ國家改造ノ爲ニハ仕方カ無イト思ツテ賛成シタノテアリマス

四問　破壊後ニ實現スヘキ宮様內閣ハ從前ノ內閣ト其組織形態ニ於テ相違シテ居ルモノト考ヘテ居タカ

答　私ハ宮様內閣カ出來テモ其組織形態ハ形式上ニ於テハ從來ノ內閣ト餘リ變リハナイカ實質上ニ於テハ全然私心無ク皇道精神ニ依ツテ國家ノ改造ヲナスヘキ軍部中

心ノ強力内閣テアリマスカラ從來ノ内閣トハ非常ニ異ツタモノテアルト思ツテ居リ斯カル非常時強力内閣カ組織セラルレハ現在ノ帝國憲法ハ一時停止セラレ帝國議會ノ機能モ二、三年ノ間ハ休止シテ政黨政治ヲ打破シ天皇御親政ヲ基本トシテ新シキ政治經濟機構ヲ造リ思ヒ切ツタ改革ヲスルノテアルカ若シ宮樣カ内閣ノ首班タル事ヲオ受ニナラナケレハ軍部ノ若イ人即チ大佐中佐級ノ者カ出テ思ヒ切ツタ改革ヲスル其時ハ從來ノ内閣トハ其組織形態ニ於テモ餘程變ツタモノカ出來ルノテハナイカト考ヘテ居リマシタ例ヘハ私ハ安田カラ西園寺公ノ所ヘ使ヒニ行ケト命セラレタノテアリマスカ私カ行ツテモ西園寺公ハ宮樣内閣ナラハ兎ニ角若イ人ヲ内閣ノ首班ニ奏請スル事ハ到底承知シマセヌカラ

其時ハ内閣ノ組織形態ニ於テモ從來ノ内閣トハ餘程變ツタ形式テ出來上ルノテハナイカト考ヘテ居リマシタ

五問　現行帝國憲法モ改正セラルモノト考ヘテ居タカ

答　現行帝國憲法モ當然一部ハ改正セラレルモノトハ思ツテ居リマシタ然シ如何ナル章條ニ付テ改正セラレルカ其處迄ハ私ハ考ヘテ居ラス研究モシテ居リマセヌカ現行帝國憲法中ノ帝國議會ノ項目抔ニ付テハ當然變ルモノト思ツテ居リマシタ又之ハ私一個ノ考ヘテアリマスカ普通選擧ハ我カ國体ノ本義ヲ誤リ家族制度ヲ破壞スルモノト思ヒマスカラ之抔ハ當然改正セラレ選擧權ハ一家ノ家長ニ與ヘラレルヘキモノテアルト思ツテ居リマシタ然シ私ハ宮樣ヲ中心トスル軍部獨裁政治カ布カレテモ良イ政治モ出來ルカ又必然的ニ惡イ政治モ之ニ

伴ッテ行クカラ獨裁政治カ四、五年モ續ケハ必スヤ國民怨嗟ノ聲カ出ル樣ニナリ又々元ニ立歸リ今度ハ改良セラレタ議會政治ニ立戻ルモノテアルト考ヘテ居リマシタ夫レニシテモ當時ノ情勢カラ觀テ國家改造ハ必要テアリ之カ爲ニハ軍部獨裁政治ノ出現モ亦已ムヲ得ナイト考ヘテ居タノテアリマス

六問　被告ノ現在ノ心境ハ如何

答　私ノ考ヘヲ露骨ニ云ヘハ私ハ從前ノモノヨリモ今少シク大キナ政黨財閥ヲ膺懲スヘキ事變カ起リハシナイカト心配シテ居ルノテアリマス夫レハ今日ハ青年將校中ニハ憂國ノ士カ多キニ反シ將官級ニハ人物カ少ク個人主義ノ者ノ多イ事ハ確テアリマス若シ斯カル不祥事變カ再ヒ起ツタ場合ニハ我カ日本ハ國際的ニ信用カナクナ

リ經濟的ノ死滅テアリマスカラ怎ウシテモ之ヲ未然ニ防カネハナラヌカ私ノ考ヘテハ現在政黨モ財閥モ軍部ニモ之ヲ防ク人カ無イノテ怎ウシテモ司法部ノ方々カラ大人物カ出テ之ヲ押ヘネハナラヌ又其時代カ來ルモノト思ツテ居リマス私カ神兵隊事件ニ關係シタ事ニ付テハ私ハ自分ノ不明ヲ恥ルノテアリマスカ今後ハ私ハ軍部ト財閥トノ間ニ立ツテ之ヲ折衝緩和シテ行キ度イ目下財閥モ動キ掛ケテ居リ且在鄕軍人ノ八分迄ハ農村ノ者テアリ農村ノ救濟ニ付テハ軍人モ財閥ト妥協セネハナラヌ義務カアリ從來ハ其中間ニ政黨カ入ツタカラ意志ノ疏通カ出來ナカツタカ政黨ヲ除ケハ軍人ト財閥トハ十分意志ノ疏通カ圖リ得ルト考ヘルノテ其方面ニ努力シテ行キ財閥ヲシテ例ヘハ機關銀行ノ統制等ノ方

法ニ依リ農村救濟ヲナサシメヤウト考ヘテ居リマス
豫審判事ハ本件嫌疑ノ原由ヲ告ケタル上
七問　他ニ辯解ハナイカ
答　外ニ申上ケル事ハアリマセヌ他ニ意見辯解モ御座イマ
セヌ
被告人　中島勝治郎
右讀聞ケタル處無相違旨申立署名捺印シタリ
昭和十一年六月二十七日於東京刑事地方裁判所作之
大審院特別權限ニ屬スル被告事件豫審掛
東京刑事地方裁判所
裁判所書記　元吉保之輔
豫審判事　大城朝申

右謄本也

昭和十一年七月七日

東京刑事地方裁判所

裁判所書記

第二回訊問調書

被告人　毛　呂　清　輝

右被告人ニ對スル刑法第七十八條ノ罪被告事件ニ付昭和十一年六月二十九日東京刑事地方裁判所ニ於テ

大審院特別權限ニ屬スル被告事件豫審掛

豫審判事　藤　山　富　一

裁判所書記　山　本　茂

列席ノ上豫審判事ハ前回ニ引續キ右被告人ニ對シ訊問ヲ爲スコト左ノ如シ

一問　前回兩角豫審判事ニ對シテ陳述シタ事實ハ相違ナイカ

答　兩角豫審判事ニ對スル私ノ陳述ハ此ノ際全部取消シマス

二問　取消ス理由ハ

答　私ハ兩角豫審判事ガ陛下ノ神聖ナル裁判官デアラレルモノト考ヘテ前回訊問ヲ受ケマシタ然ルニ其ノ後ノ同判事ノ言動ハ著シク私ノ信念ヲ裏切ッテ居リマス夫レ故ニ斯様ナ判事ノ作成シタ調書ヲ肯定スル事ハ出來ナイノデス尙其ノ以前ノ

岡田豫審判事

ノ調書及豫審終結決定書並ニ檢事總長ノ起訴狀ノ內容是等モ一切否認致シマス其ノ理由ハ兩角豫審判事ノ調書ト同様私ノ眞精神ヲ理解シ表現シタモノデナイカラデス

三問　當職ノ訊問ニハ應ズルカ

答　夫レモ現在ニ於テハ應ズル事ハ出來マセヌ

貴官ガ私ノ眞精神ヲ理解シ安心シテ一切ヲオ委セシ得ル

陛下ノ裁判官デアル事ガ明白ニ認識セラレル迄ハ貴官ノ訊問ニ絕對ニ應ズル事ハ出來マセヌ

被告人　毛呂淸輝

右讀聞ケタル處無相違旨申立署名捺印シタリ

昭和十一年六月二十九日於東京刑事地方裁判所作之

大審院特別權限ニ屬スル被告事件豫審掛

東京刑事地方裁判所

裁判所書記　山本茂

豫審判事　藤山富一

右謄本也

昭和十一年七月四日

東京刑事地方裁判所

裁判所書記

第二回訊問調書

被告人　鈴木善一

右被告人ニ對スル刑法第七十八條ノ罪被告事件ニ付昭和十一年
七月二日東京刑事地方裁判所ニ於テ
　大審院特別權限ニ屬スル被告事件豫審掛
　　豫審判事　大城朝申
　　裁判所書記　元吉保之輔
列席ノ上豫審判事ハ前回ニ引續キ右被告人ニ對シ訊問ヲ爲スコ
ト左ノ如シ

一問　被告カ前回兩角豫審判事ニ對シ申立テタ事ハ間違ヒナ
　イカ

答　其前ニ申上ケテ置キ度イ事カアリマス
　　私ハ兩角豫審判事ノ取調ニナツタ豫審ノ記錄ハ全部取

消サセテ戴キ度イト思ヒマス
其理由ハ東京地方裁判所ニ於ケル岡田豫審判事ノオ調ハ根本的ニ事實ヲ歪曲シテ居ル岡田豫審判事ハ我々神兵隊同志ノ事件ヲ刑法第七十八條ノ罪ニ該當スルモノトシテ管轄違ナリトシ之ヲ大審院ニ送付シタカ大体此ノ罪ニ該當サセ様トシテ檢事局カ創作シ岡田豫審判事其他ノ豫審判事カ之ヲ脚色シタル形ニナッテ居リマス最初檢事局ニ於テハ之ヲ無法ニ法律ヲ歪曲シ或ハ濫用シ又政略的ニ扱ハナイ限リ内亂罪ニ該當スヘキモノニ非スト強硬ニ主張サレタノテアリマス然ルニ其後ニ至ッテ檢事局ノ意嚮カ俄然一變シ夫レト歩調ヲ揃ヘテ岡田豫審判事ノ調モ俄ニ内亂罪トスル様ニ被告ヲ誘導シ故意ニ内亂罪ニ該當スル様ニ調書ヲ作ッタ形迹カ各方

面ヨリ觀テ歷然タルモノカアリ檢事局トシテモ內亂罪ニスル爲ニ工作ヲ施シタ事ハ種々ノ點ヨリ之ヲ結論スル事カ出來マス

內亂罪ハ私ノ解釋スル限リニ於テハ

天皇

ニ御謀叛シ奉ルト云フ事カ我カ日本ニ於ケル內亂罪ノ法律上ノ意味テアリマス私等神兵隊同志ハ紊亂サレタル朝憲ヲ正サンカ爲ニ御奉行セント心掛ケタ者テアリ決シテ朝憲ヲ紊亂セントスル意志ハ毛頭無イノテアリマス斯クノ如キ我々ノ根本的思想信念ヲ曲解シ丸テ逆ナ解釋ノ下ニ我々ヲ處斷セントスル態度ニ對シテハ絕對ニ承服シ得ナイ處テアリマス

斯カル事實ノ上ニ立チタル東京地方裁判所ニ於ケル豫

二

審調書ヲ基礎トシ唯皮相ナ枝葉末節ノ問題ニ付兩角豫審判事ヨリオ調ヲ受ケタノテアリマスカラ同豫審判事ニ申上ケタ事ハ一切岡田豫審判事ニ申上ケタ事實ト共ニ全部取消サセテ戴キ度イト思ヒマス

斯クシテ私ハ根本的ナ調ヲ遣リ直シテ戴キ度イト思フノテアリマスカ兩角豫審判事ニ對シテハ曩ニ私ハ前田片岡、影山等ト共ニ同豫審判事ニ面會シ口頭ヲ以テ忌避ノ意志ヲ表明致シテ置キマシタ然ルニ貴官モ矢張リ兩角豫審判事ト同様ナ態度ヲ以テオ調ニナッテ居リマスカラ私モ亦兩角豫審判事ニ對スルト同様ナ態度ヲ以テ臨ムノ外無ク貴官ニ對シ之レ以上事實ニ付テ申上ケル事ハ出來マセヌ

夫レト云フノハ貴官カ

天皇
ノ司法官トシテノ實ヲ完全ニ具ヘテ居ルカ否カ其點ニ
付テ兩角豫審判事ト異ツタ態度ヲ執ツテ戴クノテナケ
レハ判然ト
天皇
ノ司法官タル事ヲ認メ得ナイカラテアリマス
被告人　鈴木善一
右讀聞ケタル處無相違旨申立署名拇印シタリ
昭和十一年七月二日於東京刑事地方裁判所作之
大審院特別權限ニ屬スル被告事件豫審掛
東京刑事地方裁判所
裁判所書記　元吉保之輔
豫審判事　大城朝申

右謄本也

昭和十一年七月八日

東京刑事地方裁判所

裁判所書記

第三回訊問調書

被告人　前田虎雄

右被告人ニ對スル刑法第七十八條ノ罪被告事件ニ付昭和十一年七月十五日東京刑事地方裁判所ニ於テ
大審院特別權限ニ屬スル被告事件豫審掛
豫審判事　藤山富一
裁判所書記　山本茂
列席ノ上豫審判事ハ前回ニ引續キ右被告人ニ對シ訊問ヲ爲スコト左ノ如シ
一問　從來兩角判事ニ對シテ陳述セル事ニ變リナキヤ
答　其ノ事ニ付テハ先般私ガ同志三名ト共ニ兩角判事ニ面談シテ宣言シテ置イタ事ガアリマス
實ハ同志橋爪ガ二月事件ニ關係アリト看做サレ逃亡ノ

處レアリトノ理由ニ依リ再ビ市谷刑務所ニ收容サレマシタ

其ノ處置タルヤ實ニ言語道斷、法律的暴力ト私共ハ認メルノデアリマス

斯ノ如キ處置ヲ執ラル、以上到底

陛下ノ司法官トシテ全幅ノ信頼ヲ捧ゲマスル譯ニハ參リマセヌノデ私共ハ兩角判事ニ對シ從來申述ベタ事項ハ一切之ヲ取消スノミナラズ今後絶對ニ御調ニ應ズル譯ニハ參リマセヌト云フ事ヲ縷々説明シテ宣言致シタノデアリマス

尙一點申シマスレバ兩角判事ハ病人ノ天野ヲ最近オ呼出シニナリ朝ノ八時頃カラ午後三時頃マデ打ツ通シニ御調ニナッタソウデス

其ノ爲メニ天野ハスッカリ體ヲ壞ハシテ未ダニ病床ニ在ル狀態デアリマス

其ノ事ニ付テモ私ハ兩角判事ニ苦言ヲ呈シテ置キマシタ

尙又今日マデ私共ノ勾留ハ取消サレテ居リマセヌ執行停止又ハ責付ニ依ッテ釋放サレテ居ルノデアリマスガ私共ノ勾留ヲ必要トスル何等ノ條件ナキニ拘ハラズ猶且勾留狀ハ留保サレテ居リマス

私共ガ正シイ裁判ヲ受ケル爲メニハ先ヅ以テ斯ノ如キ障碍ヲ取除カレン事ヲ要求致スモノデアリマス

其ノ他檢事及岡田豫審判事ノ取調ノ態度ニ就テモ尠カラズ不滿ヲ抱イテ居リマシテ左樣ナ關係カラ昨年十月二十一日私共同志ハ今後檢事局裁判所ニ對シテ大イニ

戰ヲ續ケナケレバナラヌト云フ覺悟ヲ申合ハセタノデアリマス

擧ゲ來タレバ理由ハ澤山アリマスガ何レニ致シマシテモ今日マデノ狀態、關係ニ於テハ今後絕對ニ取調ニ應ジラレヌト云フ結論ニナリマス

尙右申述ベタ趣旨ニ依リ現ニ貴下ガ作成シテ居ラレマス調書ニ付テモ私ハ其ノ讀聞ケヲ受ケル事モ亦署名捺印スル事モ之ヲ拒絕致シマス

被告人

被告人ハ本調書ノ讀聞ケヲ受クルコト並ニ之ニ署名捺印スルコトヲ拒絕シタリ

昭和十一年七月十五日於東京刑事地方裁判所作之

大審院特別權限ニ屬スル被告事件豫審掛

東京刑事地方裁判所
裁判所書記　山本　茂
豫審判事　藤山富一

右謄本也
昭和十一年七月十六日
東京刑事地方裁判所
裁判所書記

第三回訊問調書

被告人　小池銀次郎

右被告人ニ對スル刑法第七十八條ノ罪被告事件ニ付昭和十一年
七月二十一日龍ケ崎區裁判所ニ於テ
大審院特別權限ニ屬スル被告事件豫審掛

豫審判事　藤山富一

裁判所書記　山本茂

列席ノ上豫審判事ハ前回ニ引續キ右被告人ニ對シ訊問ヲ爲スコ
ト左ノ如シ

一問　前回ハ病氣ノ爲メ陳述ニ困難ヲ感スルトノ事テアツタ
カ今日ハ何ウカ

答　私ノ健康狀態ハ依然トシテ良好テハアリマセヌ
引續キ醫藥ニ賴ツテ居ル狀態テス

二　問　前回ノ訊問ニ關シテ今日何等カノ應答ハ出來ナイカ

答　其ノ御訊ネニ付イテハ簡單ニ申上ケマス

私共ノ純粋日本主義、此ノ思想的動向ニ付イテ私ハ是非共申上ケネハナラヌ又御聞取リヲ願ヒ度イト云フ念願テ今日モ胸一杯テス

言フ迄モナク行動ハ思想ノ發露テアリマス

然ルニ岡田豫審判事ハ自ラ思想的素養ニ乏シイカラテセウ其ノ調書ヲ御一覽ニナレハ判明致シマス通リ此ノ重大ナル私共ノ思想的動向ニ付イテハ殆ト觸レテ居リマセヌ

從テ右申シマス様ナ岡田豫審判事ノ調ハハ揑造シタ調書ノ記載ヲ材料トシテ作リ上ケタト考ヘラレル檢事總長ノ起訴狀ニ基イテノ御取調ナラハ私ハ遺憾乍ラ答辯

ヲ拒絶スル外アリマセヌ
私ノ念願トシテハ改メテ新ナル御方針ノ下ニ新規蒔直シニ御取調ヲ願ヒ度イノテス
此ノ點ヲ十分ニ御諒解下サツテ今日ノ陳述ハ之テ終了シテ頂キ度イト思ヒマス

被告人　小池銀次郎

右讀聞ケタル處無相違旨申立署名捺印シタリ

昭和十一年七月二十一日於龍ケ崎區裁判所作之

大審院特別權限ニ屬スル被告事件豫審掛

東京刑事地方裁判所

裁判所書記　山本茂

豫審判事　藤山富一

右謄本也

昭和十一年七月二十二日
東京刑事地方裁判所
裁判所書記

第二回訊問調書

被告人　安田銕之助

右被告人ニ對スル刑法第七十八條ノ罪被告事件ニ付昭和十一年九月十五日東京刑事地方裁判所ニ於テ

大審院特別權限ニ屬スル被告事件豫審掛

豫審判事　兩角誠英

裁判所書記　西田秀吉

列席ノ上豫審判事ハ前回ニ引續キ右被告人ニ對シ訊問ヲ爲スコト左ノ如シ

一問　前回ノ訊問後三月以上モ經過シタルニ依リ念ノ爲今一度本件公訴事實ヲ讀聞ケル譯ナルカ此ノ事實ニ付テハ如何

此ノ時豫審判事ハ被告人ニ對シ檢事總長ノ起訴ニ係ル豫審請求

書記載ノ公訴事實ヲ讀聞ケタリ

答　此ノ前ニ忌避シタト同シ理由ヲ以テ玆ニ貴官ヲ忌避致シマス

二問　既ニ被告人ノ前回爲シタ忌避ノ申立カ却下ト爲ツタ今日ニアリテハ重ネテ玆ニ其ノ樣ナ理由ニ基イテ當職ヲ忌避スルト申立テタトコロテ夫レハ法律上忌避ノ申立ニハ爲ラヌト解セネハナラヌカラ當職トシテハ此ノ儘訊問ヲ進メネハナラヌ譯テアル

ソコテ話ハ元ニ戻ルカ先刻讀聞ケタ本件公訴事實ニ付テハ怎ウテアルカ

答　前回ニ忌避ノ理由トシテ申述ヘタノテアリマスカ貴官ノ司法官トシテノ生活内容ハ依然トシテ從來通リテアリマスカラ私ハ玆ニ忌避ヲ繰返シマス　而シテ事實ニ

於テ貴官ノ御取調ニハ應シマセヌ

三問　夫レテハ結局被告人ハ本日ノ忌避ノ申立カ法律上理由アリヤ否ヤヲ別問題トシテ當職ノ訊問ニハ應セヌト云フ譯カ

答　左様テアリマス

現在貴官ハ

陛下ノ裁判官トシテノ本質ニ遊離シ特權閥族階級ノ司法官タルノ役割ニ卽シテ居ラレマスカラ貴官ノ御訊問ニハ應シ兼ネルノテアリマス

被告人　安田銕之助

右讀聞ケタル處無相違旨申立署名捺印シタリ

昭和十一年九月十五日於東京刑事地方裁判所作之

大審院特別權限ニ屬スル被告事件豫審掛

3165

東京刑事地方裁判所

裁判所書記　西田秀吉

豫審判事　兩角誠英

右謄本也

昭和十一年九月十五日

東京刑事地方裁判所

裁判所書記

資料全体写真①

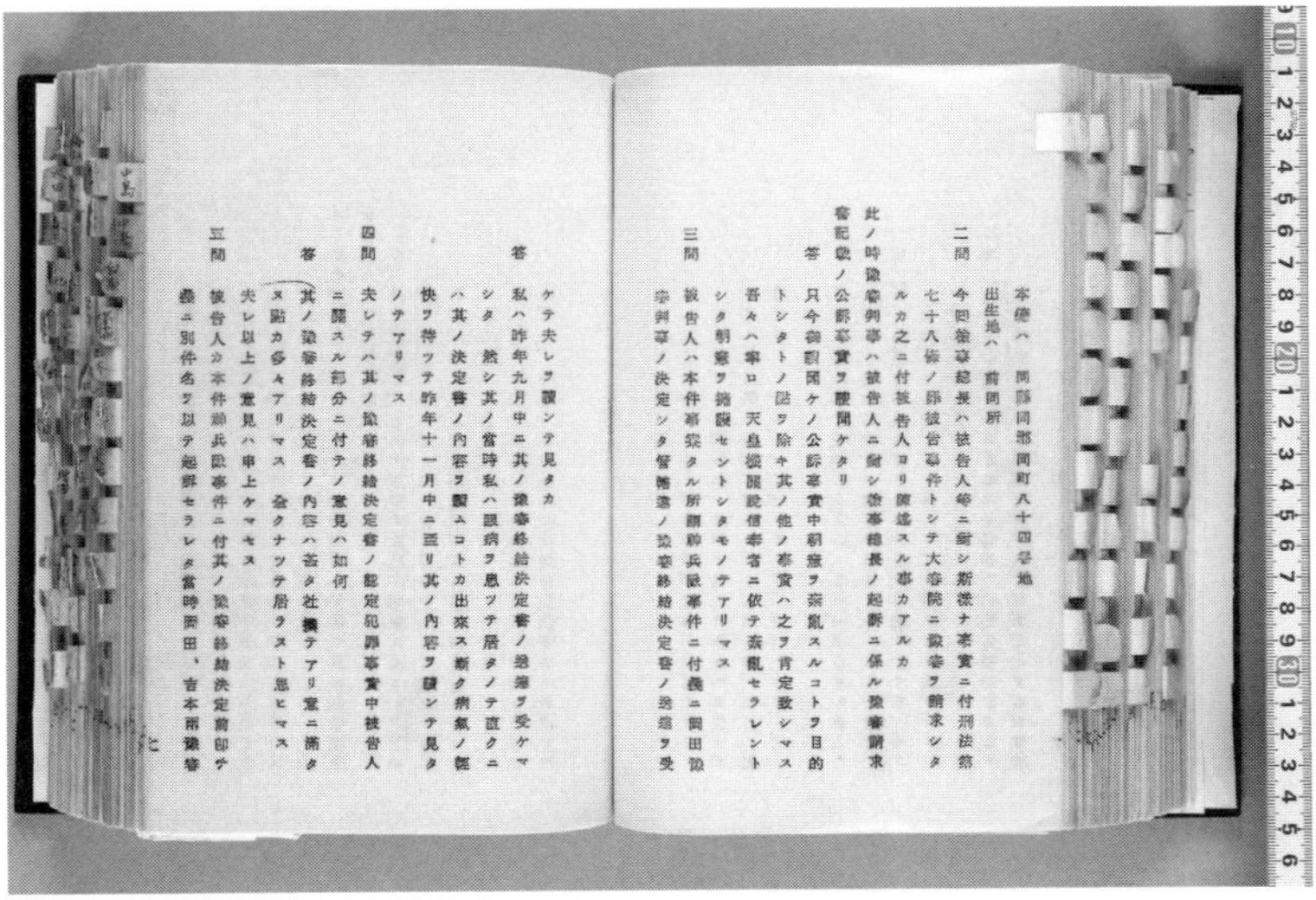

『別巻五』62、63 ページ

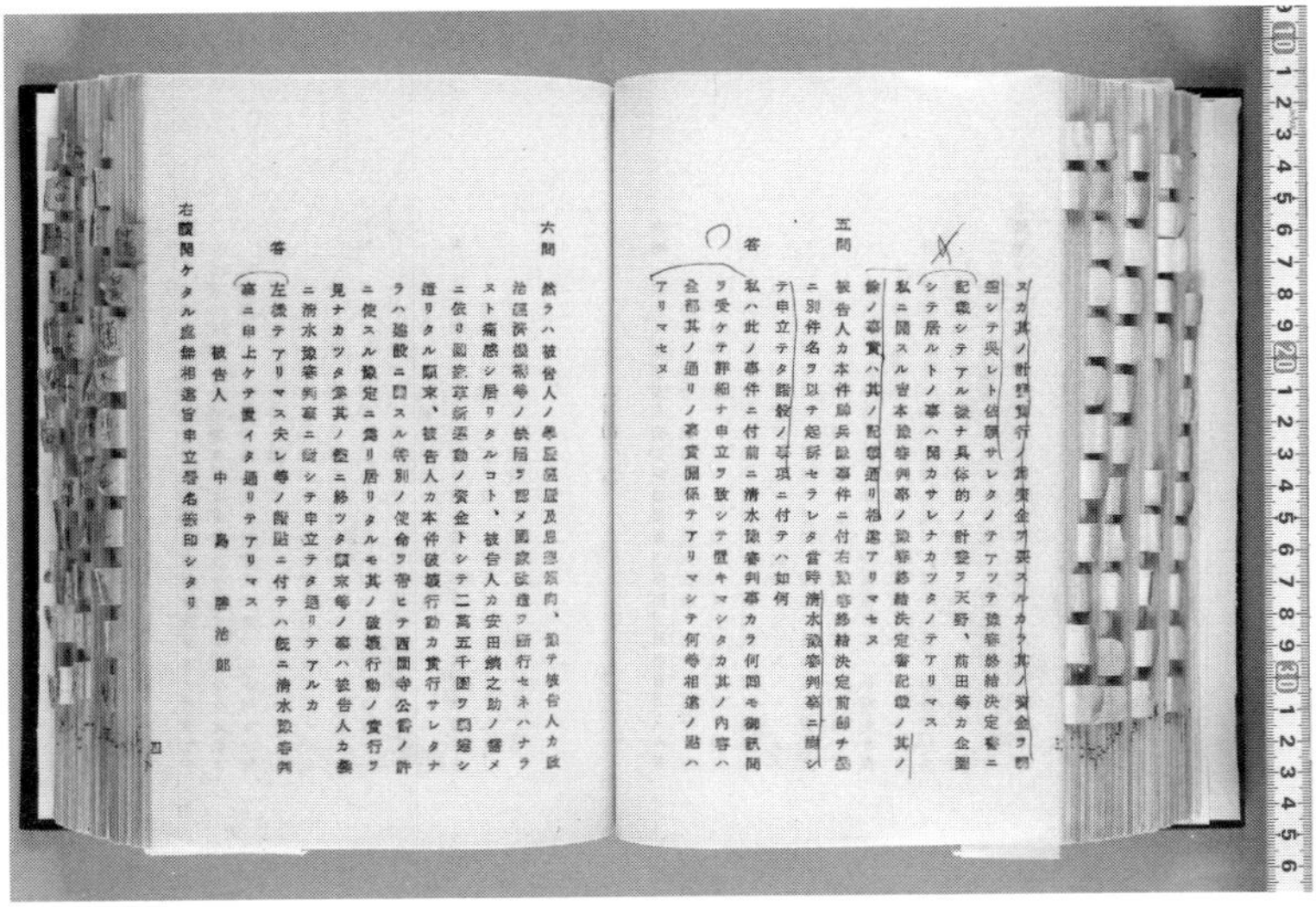

『別巻五』74、75 ページ

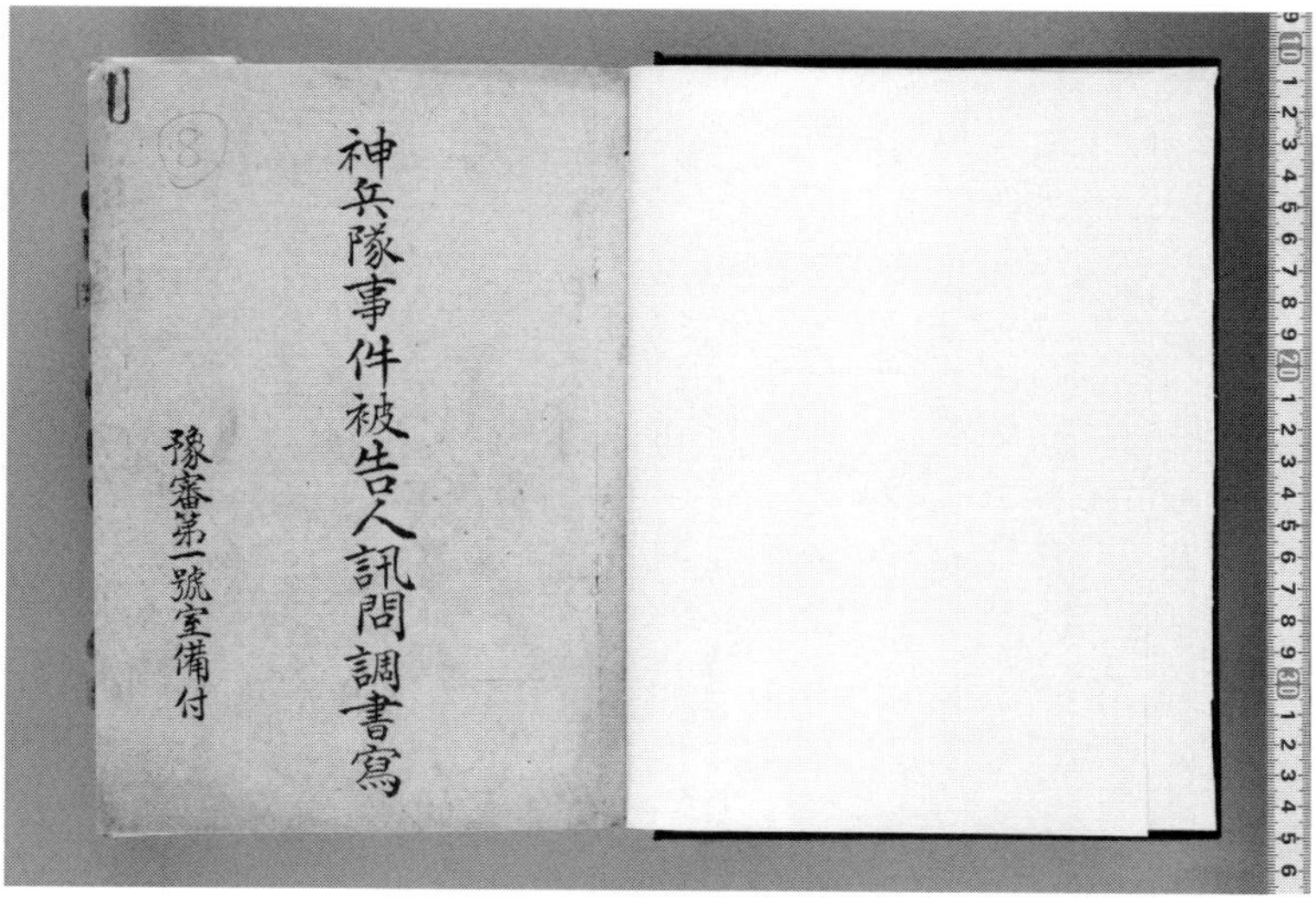

『別巻四』17 ページ

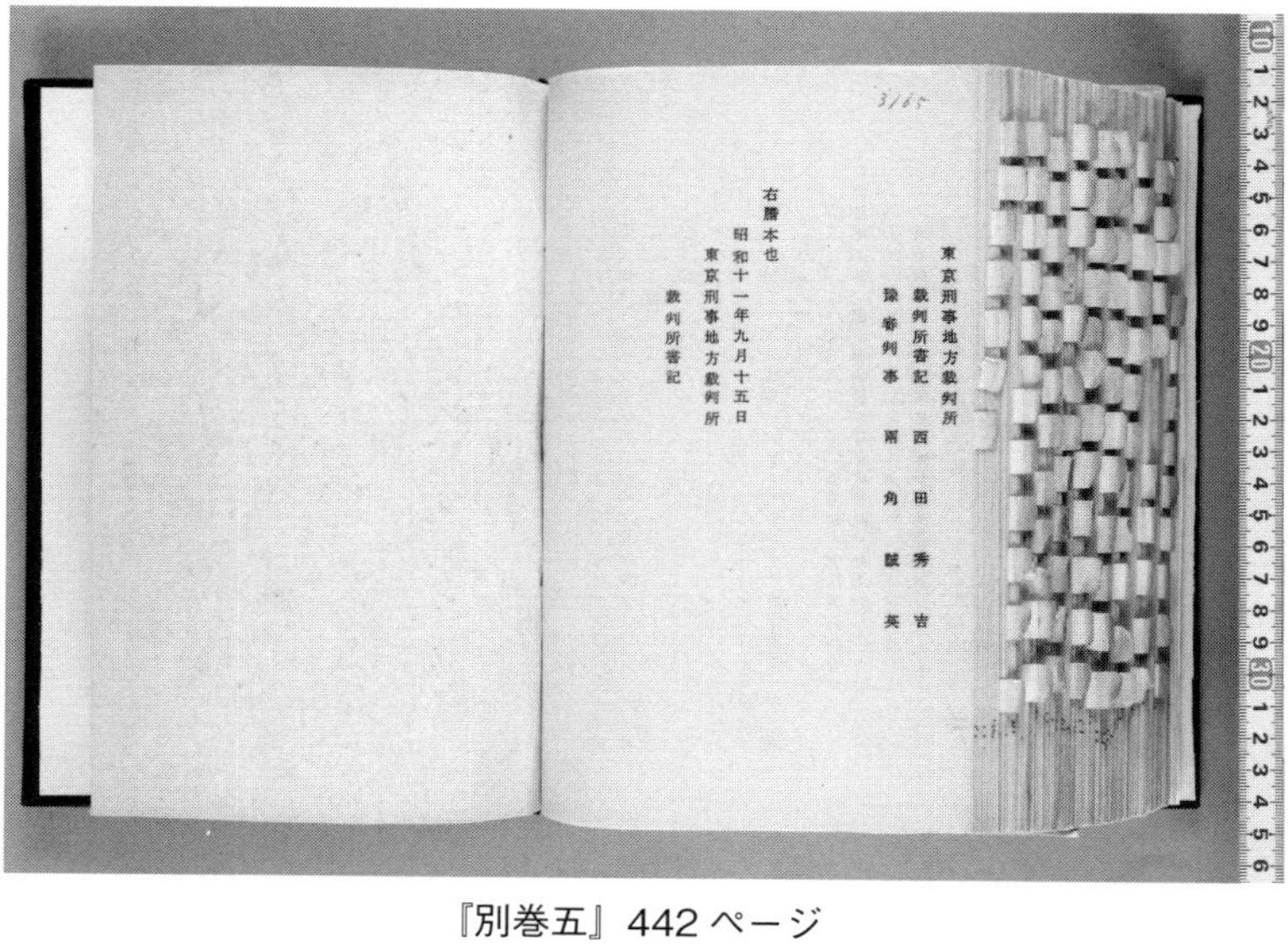

『別巻五』442 ページ

今村力三郎訴訟記録第四十六巻
神兵隊事件　別巻五

平成二十九年一月三十一日　第一版第一刷

©編　集　**専修大学今村法律研究室**
代表　松岡啓祐
〒一〇一－八四二五　東京都千代田区神田神保町三－八
電話　〇三（三二六五）六二一一（代表）

発行者　**笹　岡　五　郎**
発　行　**専修大学出版局**
〒一〇一－〇〇五一　東京都千代田区神田神保町三－一〇－三
㈱専大センチュリー内
電話　〇三（三二六三）四二三〇（代表）

印　刷
製　本　藤原印刷株式会社

ISBN978-4-88125-310-6

◇ 専修大学出版局の本 ◇

〈今村力三郎訴訟記録シリーズ〉

今村力三郎訴訟記録 1～3
金剛事件（全3巻）　専修大学今村法律研究室 編

今村力三郎訴訟記録 4～7
五・一五事件（全4巻）　専修大学今村法律研究室 編

今村力三郎訴訟記録 8・9
神兵隊事件（全2巻）　専修大学今村法律研究室 編

今村力三郎訴訟記録 10～16
血盟団事件（全7巻）　専修大学今村法律研究室 編

今村力三郎訴訟記録 17～29
帝人事件（全13巻）　専修大学今村法律研究室 編

今村力三郎訴訟記録 30～32
大逆事件（全3巻）　専修大学今村法律研究室 編

今村力三郎訴訟記録 33～35
虎の門事件（全3巻）　専修大学今村法律研究室 編

今村力三郎訴訟記録 36～41
今村懲戒事件（全6巻）　専修大学今村法律研究室 編

今村力三郎訴訟記録 42～46
神兵隊事件　別巻一～五　専修大学今村法律研究室 編

★定価 3,000 円～6,600 円（税別・品切書あり）

今村力三郎『法廷五十年』 3,200 円（税別）　専修大学今村法律研究室 編

大逆事件と今村力三郎──訴訟記録・大逆事件 ダイジェスト版──
2,800 円（税別）　専修大学今村法律研究室 編